Petits *C*lassiques

L A R O

Collection fon
Agrégé des Le

Phèdre

Racine

Tragédie

Édition présentée,
annotée et commentée
par Anne Régent et Laurent Susini,
anciens élèves
de l'École normale supérieure,
agrégés de lettres modernes

© Éditions Larousse 2006
ISBN : 978-2-03-585916-7

SOMMAIRE

Avant d'aborder l'œuvre

Phèdre
RACINE

Pour approfondir

AVANT D'ABORDER
L'ŒUVRE

Fiche d'identité de l'auteur

JEAN RACINE

Nom : Jean Racine.

Naissance : le 21 décembre 1639, à la Ferté-Milon (Picardie).

Famille : appartenance à la moyenne bourgeoisie mais décès de la mère puis du père de Racine, alors que celui-ci n'a que deux puis quatre ans.

Formation : à partir de 1649, études à Port-Royal-des-Champs ; puis passage au collège de Beauvais, haut lieu du jansénisme à Paris et retour aux Granges de Port-Royal-des-Champs pour l'année de rhétorique. Classe de philosophie au collège d'Harcourt, à Paris (1658).

Début de la carrière : création de *La Thébaïde (1664)* par la troupe de Molière.

Premier succès : *Andromaque (1667)*, un triomphe qui, de l'avis général, impose désormais Racine comme l'égal de Corneille.

Évolution de la carrière : perfectionnement du dispositif tragique jusqu'à l'apothéose de *Phèdre (1677)* puis long silence du dramaturge, promu la même année historiographe du roi ; adieu définitif au théâtre après les créations d'*Esther (1689)* et d'*Athalie (1691)*, deux tragédies bibliques commandées par Mme de Maintenon, épouse du roi, pour les jeunes filles pensionnaires de la maison de Saint-Cyr. À la suite de quoi, composition de cantiques liturgiques (1695), rédaction de l'*Abrégé de l'histoire de Port-Royal* (1696) et attention toute particulière de Racine à la nouvelle édition de ses œuvres dramaturgiques (1697).

Mort : le 21 avril 1699. Inhumation à Port-Royal-des-Champs et, après la destruction de l'abbaye en 1711, transfert des cendres à l'église Saint-Étienne-du-Mont à Paris.

Portrait de Jean Racine.

Repères chronologiques

Vie et œuvre de Jean Racine	Événements politiques et culturels
1639 Naissance à La Ferté-Milon.	**1636** Corneille, *Le Cid*.
1641-1643 Mort de sa mère puis de son père ; adoption par ses grands-parents.	**1643** Mort de Louis XIII. Régence d'Anne d'Autriche et ministère de Mazarin.
1649 Arrivée à Port-Royal-des-Champs, où Racine reçoit une éducation solide et moderne.	**1654** Sacre de Louis XIV. Madeleine de Scudéry, *Clélie*.
1660 Découverte du « monde » et de la galanterie. *Ode sur la paix des Pyrénées* en l'honneur de Mazarin ; ode en l'honneur du mariage de Louis XIV.	**1656** Persécution des Solitaires de Port-Royal. Pascal, *Les Provinciales*.
	1659 Traité des Pyrénées.
1662 *Ode sur la convalescence du roi* et *La Renommée aux Muses*, deux poèmes à la gloire du roi qui valent à Racine une pension royale et son entrée à la cour.	**1660** Mariage de Louis XIV avec Marie-Thérèse d'Autriche.
	1661 **Mort de Mazarin.** **Début du règne personnel de Louis XIV.**
1664 *La Thébaïde*, jouée par la troupe de Molière. Rencontre et amitié avec Boileau.	**1664** Dispersion des religieuses de Port-Royal. La Rochefoucauld, *Maximes*.
1665 *Alexandre le Grand*, confié à la troupe de l'Hôtel de Bourgogne : brouille avec Molière.	**1667** Conquête des Pays-Bas espagnols par les armées de Louis XIV.
1666 Rupture avec les Solitaires de Port-Royal. Liaison avec l'actrice Thérèse Du Parc.	**1670** Pascal, *Les Pensées*. Corneille, *Tite et Bérénice*.
1667 **Triomphe d'*Andromaque*.**	**1672** Début de la guerre de Hollande. Installation progressive de la cour à Versailles₉
1668 *Les Plaideurs*, seule comédie de Racine.	

Repères chronologiques

Vie et œuvre de Jean Racine	Événements politiques et culturels
Mort de la Du Parc.	**1673**
1669	**Mort de Molière.**
Succès mitigé de *Britannicus*.	**1674**
1670	Boileau, *Art poétique*.
Grand succès de *Bérénice* ; liaison avec l'actrice Mlle de Champmeslé.	**1678**
1672	Mme de La Fayette, *La Princesse de Clèves*.
Grand succès de *Bajazet*. Élection à l'Académie française.	**1679**
1674	Dispersion des Solitaires de Port-Royal.
Iphigénie.	**1684**
1677	Mort de Corneille. Mariage secret de Louis XIV avec Mme de Maintenon, après la mort de la reine Marie-Thérèse d'Autriche (1683).
Phèdre. **Nomination avec Boileau au titre d'historiographe du roi.**	
1689	**1685**
Esther, tragédie biblique commandée par Mme de Maintenon.	**Révocation de l'édit de Nantes.**
1690	**1688**
Accès à la charge de gentilhomme ordinaire de la chambre du roi.	La Bruyère, *Les Caractères*.
1691	**1689**
Athalie, conçue dans les mêmes conditions qu'*Esther*.	Guerre de la ligue d'Augsbourg.
1694	**1692**
Cantiques spirituels, à la demande de Mme de Maintenon.	Prise de Namur par Louis XIV.
1695	**1693**
Rédaction de l'*Abrégé de l'histoire de Port-Royal*, laissé inachevé.	Fénelon, *Parallèle de Corneille et de Racine*, à l'avantage de Corneille.
1698	**1694**
Rédaction d'un nouveau testament, où Racine demande d'être enseveli à Port-Royal.	Mort d'Antoine Arnauld.
1699	**1715**
Mort de Racine.	Mort de Louis XIV.

Fiche d'identité de l'œuvre

Phèdre

Genre : tragédie.

Auteur : Jean Racine, XVII⁰ siècle.

Objets d'étude : tragique et tragédie ; le théâtre : texte et représentation ; le classicisme.

Registres : tragique, lyrique, pathétique.

Structure : cinq actes.

Forme : dialogue en alexandrins.

Principaux personnages : Phèdre, Thésée, Hippolyte, Aricie, Œnone.

Sujet : Phèdre, épouse de Thésée, est amoureuse d'Hippolyte, son beau-fils. À l'annonce de la mort de Thésée, Phèdre avoue sa passion à Hippolyte, qui la repousse avec horreur. Ce dernier est lui-même épris d'Aricie, captive et ennemie de Thésée. Lorsque Thésée revient soudain parmi les siens, tous lui semblent coupables. Œnone, nourrice de Phèdre, accuse alors Hippolyte d'avoir eu l'intention de violer la reine, afin de sauver l'honneur de sa maîtresse. Relayée par une Phèdre ivre de jalousie, sa calomnie porte aussitôt ses fruits. Hippolyte est chassé de la ville par son père qui le voue à la colère des dieux. Le jeune homme meurt déchiqueté sur des rochers, à la suite de l'intervention d'un monstre envoyé par Neptune. Phèdre, désespérée, se suicide alors sur scène en avouant sa faute à son époux.

Représentations de la pièce : l'histoire de *Phèdre* au théâtre a longtemps coïncidé avec la liste des différents « monstres sacrés » en ayant incarné le rôle-titre : la Champmeslé au XVII⁰ siècle, Marie Dumesnil ou Mˡˡᵉ Clairon au XVIII⁰ siècle, Rachel au XIX⁰ siècle, Sarah Bernhardt au début du XX⁰ siècle. Ces soixante dernières années, cependant, *Phèdre* a vu s'affirmer le rôle de ses metteurs en scène : engageant le spectateur à s'attacher à d'autres personnages qu'à celui de l'héroïne, ceux-ci témoignent de la diversité des approches critiques récemment suscitées par la pièce.

Sarah Bernhardt dans le rôle de Phèdre, par Nadar.

L'œuvre dans son siècle

La création de *Phèdre* coïncide en France avec l'apogée du classicisme et du règne de Louis XIV. Cette double apogée n'a rien de fortuit : l'éclat de la monarchie absolue refondée et affermie par le souverain n'est pas indifférent à l'éclat de la production littéraire et plus largement artistique des années 1660-1685.

Louis XIV, monarque absolu

Le règne personnel de Louis XIV commence à la mort de Mazarin, survenue le 9 mars 1661 : dès le lendemain, le jeune roi annonce que le ministre ne sera pas remplacé, premier coup d'éclat et première étape d'une entreprise de restauration systématique de l'autorité royale, que les récentes frondes avaient passablement ébranlée. Centralisation et bureaucratisation de l'État, transformation de l'ancienne société féodale en société de cour trouvant son foyer à Versailles, domptage des Parlements, persécution des « hérésies » protestante et janséniste, organisation d'une police du livre, développement d'une politique de mécénat autant que de prestige vis-à-vis des artistes français ou étrangers : solidement épaulé par Colbert en matière d'économie et de finances, Louis XIV s'efforce de contrôler et d'encadrer tous les domaines de la vie publique et d'apparaître ainsi comme l'unique maître en son royaume.

Le succès de ses campagnes militaires (la guerre de Dévolution des années 1667-1668) et l'agressivité conquérante de sa politique extérieure (la guerre contre la Hollande lancée dès 1672), la somptuosité des fêtes qu'il fait par ailleurs donner à Versailles et son insistance à réaffirmer le droit divin des rois achèvent de faire du monarque une figure héroïque et glorieuse à l'image – pour le moins imposante – d'un Thésée, descendant de Zeus et de Gaïa et rival d'Hercule lui-même.

L'œuvre dans son siècle

Conditions politiques de l'essor du classicisme

Une telle refondation du cadre politique n'est pas sans entraîner une importante évolution du monde littéraire. Survenue en septembre 1661, l'arrestation du surintendant des finances Nicolas Fouquet, mécène, entre autres auteurs, de Scarron, Molière et La Fontaine, était un signal éloquent : désormais, les artistes devraient avant tout compter sur les largesses royales et non sur les subventions du mécénat privé. Plaire au souverain devenant ainsi prioritaire, les goûts de celui-ci, au même titre, sans doute, que ses préoccupations politiques, ne pouvaient que grandement infléchir la production artistique du règne de Louis XIV.

L'essor du classicisme peut se comprendre en grande partie dans cette perspective. De fait, il en ira désormais de la littérature comme de l'architecture (François Mansart, Louis Le Vau) ou du paysagisme (André Le Nôtre, Henri Dupuy) : l'effort des créateurs tendra essentiellement vers une savante et rigoureuse domestication de la nature, vers un art de la contrainte, de la mesure et de la discipline, tout de noblesse et de simplicité, bannissant aussi sévèrement le désordre anarchique des formes que leur prétention à l'extravagance.

La tragi-comédie baroque des années 1620-1635 se satisfaisait du mélange des genres, des rebondissements en cascade d'une intrigue foisonnante et, en définitive, d'une relative absence de règles fixes. La tragédie classique, quarante ans plus tard, ne pourra plus se concevoir indépendamment de l'observation scrupuleuse des unités d'action, de temps, de lieu et de ton : un indice exemplaire de l'importance désormais accordée, dans le cadre de toute activité créatrice, au respect de normes imposées de l'extérieur.

Déclin du modèle héroïque

De tels partis pris esthétiques sont naturellement au service d'une vision du monde, d'une morale et d'un ensemble de

L'œuvre dans son siècle

valeurs bien déterminés – ceux-là même, pour l'essentiel, que diffusait alors l'État absolutiste de Louis XIV. Aussi l'affirmation progressive des canons classiques coïncide-t-elle notamment avec l'irrésistible déclin du modèle héroïque célébré par la littérature baroque des années 1630-1660. C'est qu'il convient désormais de ne plus célébrer que la personne du roi, et de tenir en conséquence toute autre aspiration à l'héroïsme pour une manifestation condamnable de démesure, cette *hybris* dont les Grecs dénonçaient déjà les ravages.

LA DISGRÂCE encourue par le théâtre de Corneille auprès du public des années 1660-1670 en est un témoignage spectaculaire. Le temps n'est plus où Rodrigue parvenait à captiver son audience par le récit de sa victoire contre les Maures (*Le Cid*) et les contemporains de Racine semblent s'être désintéressés de la grandeur sublime d'un Auguste « maître de [lui] comme de l'univers » (*Cinna*). Au corps héroïque et triomphant de l'amant de Chimène se substitue désormais la dépouille déchiquetée d'Hippolyte ; et à la grandeur d'âme de l'empereur romain sachant pardonner ceux qui voulaient le tuer, l'obstination aveugle et brute d'un Thésée, condamnant injustement son fils à la mort et revenant trop tard de son erreur. Les passions amenaient les personnages de Corneille à se dépasser, en révélant leur nature héroïque ; elles conduisent désormais les héros tragiques à leur perte, comme une punition donnée à leurs excès. Du reste, le public de Racine ne se rend plus au théâtre pour ressentir une quelconque admiration envers les actions représentées sur la scène : suivant un strict retour aux sources aristotéliciennes, le but de la tragédie n'est plus tant d'édifier que d'éveiller terreur et pitié chez les spectateurs.

Renouveau et influence de l'augustinisme

UNE TELLE ÉVOLUTION des goûts et des mentalités et, en définitive, une telle remise en cause de la pensée stoïcienne en vogue quelques décennies plus tôt ne sauraient trouver pour autant une explication simplement politique. Car de toute évidence, il n'en va pas ici que de l'importance accordée aux nouveaux modèles imposés par la monarchie absolue. La diffusion de ce regard pessimiste sur l'homme dont témoigne notamment le succès rencontré par la noirceur des tragédies raciniennes doit également être comprise comme le symptôme d'une inquiétude d'ordre plus profondément religieux, nourrie par l'importance nouvelle alors accordée en France à la pensée de saint Augustin, père de l'Église du IVe siècle après J.-C.

On a pu dire du XVIIe siècle français qu'il était celui d'Augustin. Après la confiance en l'homme affirmée par la Renaissance s'affirme en effet, notamment sous l'impulsion de l'*Augustinus* (1640), vaste synthèse de la doctrine augustinienne rédigée par Cornelius Jansen, une vision nettement plus noire de l'humanité. Cette vision repose principalement sur deux thèses, empruntées l'une et l'autre à l'œuvre d'Augustin.

La prédestination

La première de ces thèses concerne la gratuité de la prédestination : à la suite du péché d'Adam par lequel l'humanité se trouvait destituée de tout droit au salut, Dieu aurait néanmoins décidé, selon saint Augustin, de sauver certains hommes par souci de justice, non pas *a posteriori*, pour les récompenser de leurs œuvres, mais *a priori* et « selon la libre disposition de son vouloir, afin que celui qui se glorifie ne se glorifie aucunement en lui-même », mais uniquement « dans le Seigneur » (*De la prédestination des saints*).

La nécessité de la grâce

La deuxième thèse augustinienne remise en avant par Jansen et, à sa suite, par les cercles de Port-Royal où évolua le jeune Racine le soulignait d'ailleurs expressément : tout bien ne vient jamais que de Dieu et l'homme a donc toujours besoin de l'action de la grâce divine pour accomplir des actions véritablement vertueuses. Livrée à ses seules passions, l'humanité, telle que l'envisagent les augustiniens, est, à leurs yeux, incapable de vertu. Aussi les vertus célébrées par la sagesse antique n'étaient-elles jamais qu'apparentes, et ne figuraient-elles qu'un masque revêtu par l'amour-propre, cette force démoniaque en l'homme accordant tout à l'homme pour l'enlever à Dieu : comme le souligne sans équivoque La Rochefoucauld, et avec lui l'essentiel des moralistes de la seconde moitié du XVIIᵉ siècle, « l'amour-propre est le plus grand des flatteurs », « les passions ont une injustice et un propre intérêt qui fait qu'il est dangereux de les suivre » et « ce que nous prenons pour des vertus n'est souvent qu'un assemblage de diverses actions et de divers intérêts, que la fortune ou notre industrie savent arranger » (*Maximes*).

Un climat de crainte et d'espérance

Condamnation sévère des passions, stigmatisation des fausses vertus présentées comme autant de « vices déguisés » (La Rochefoucauld), portrait implacable d'une humanité déchue prisonnière de l'amour de soi et incapable d'atteindre son salut sans l'aide fort incertaine de la grâce divine : la réaffirmation de ces thèses augustiniennes défendues par les milieux de Port-Royal et largement diffusées dans les salons les plus brillants de Paris ne pouvait que distiller chez les contemporains de Racine un climat d'inquiétude et d'angoisse sourdes propre à saper toute confiance en l'homme et à ruiner ses prétentions à la grandeur. De fait, sans remettre véritablement en cause la liberté et la responsabilité de chacun, la doctrine de la prédestination et celle de la grâce n'en restreignaient pas moins, dans leur principe, la part de l'homme dans son salut : tout chrétien se trouvait ainsi réduit à craindre et à espérer tout en reconnaissant enfin son absolue dépendance envers son dieu.

Phèdre *janséniste ?*

S'IL EST DOUTEUX que *Phèdre* témoigne en tous points d'une parfaite orthodoxie augustinienne, et s'il est également très improbable qu'elle ait été conçue par son auteur comme un geste de réconciliation avec les cercles de Port-Royal, il n'en reste pas moins que nombre des questions inquiètes soulevées par cet augustinisme sévère, dont Racine était, depuis son enfance, des plus familiers, se retrouvent clairement posées dans la pièce : pouvoir des passions, possibilité de la vertu et de la transparence dans un monde du clair-obscur, difficile conciliation des logiques du libre-arbitre et de la prédestination, scandale et mystère de la transmission d'une souillure originelle à toute la descendance de la seule personne qui s'en trouvait responsable...

Lire l'œuvre aujourd'hui

Une pièce inactuelle ?

Est-il, aujourd'hui, pièce plus inactuelle que *Phèdre* ? Les temps sont loin où les rois revenaient triomphants des Enfers, où des monstres jaillissaient des flots pour dévorer leur progéniture et où les reines se mouraient en alexandrins en invoquant Vénus. Les temps sont loin, de même, où le couple formé par Hippolyte et Aricie pouvait susciter plus d'émotion que de sourires agacés ou que de bâillements d'ennuis. Spontanément tentés de ne plus voir en ce tendre duo que fadeur un peu gauche et niaise sensiblerie, que perçoit-on encore de l'exquise galanterie de leurs déclarations d'amour ? Plus fortement, à l'heure où le fameux mot d'Hegel – « rien de grand ne s'est fait sans passion » – semble avoir été promu devise de notre civilisation, que peuvent encore évoquer pour nous le comportement d'un Hippolyte, « fièrement révolté » contre l'amour, et celui de Phèdre elle-même, ne cessant de maudire la flamme qui la consume ? Comment nous reconnaître, en un mot, en des personnages apparemment si éloignés de nous, et dont nous ne partageons plus les références culturelles ni même les valeurs ?

Un mythe toujours fascinant

Si *Phèdre* continue de captiver aujourd'hui comme au premier jour, c'est bien, contre toute attente, que son inactualité s'est voulue d'emblée le gage de sa force émotionnelle et de son universalité. Il est fort incertain que les contemporains de Racine aient été plus en mesure que nous de s'identifier à Phèdre et de comprendre toutes les allusions mythologiques qui parsèment la pièce. Mais aussi bien cette double difficulté avait-elle été consciemment ménagée par le dramaturge, soucieux de faire regarder les « Personnages Tragiques [...] d'un autre œil que nous ne regardons d'ordinaire les Personnes » que nous connaissons (préface de *Bajazet*) et de retrouver, en

18

puisant à la source même des mythes originels, matière à
« exciter la Compassion et la Terreur » du spectateur (préface
de *Phèdre*). La fidélité au mythe constamment réaffirmée
maintenait ainsi entre les spectateurs et les héros tragiques
une distance salutaire, qui permettait aux premiers d'éprouver
pour les seconds une compassion non seulement affective,
mais plus profonde – communion spontanée dans ce qu'il faut
bien se résoudre à considérer comme une forme d'inconscient
universel.

De fait, l'exploitation fascinée du mythe à laquelle se livre la
tragédie racinienne et la séduction que ce même mythe ne
cesse d'exercer aujourd'hui pourraient bien s'expliquer par
l'exceptionnelle charge psychanalytique dont ce dernier paraît
porteur : amour incestueux de Phèdre pour son beau-fils,
étrange comportement d'Hippolyte, fuyant peut-être lui-même
une attirance œdipienne et inavouable pour sa belle-mère,
évocation spectaculaire d'un monstre des profondeurs, tous
ces éléments ne sauraient parler plus clairement à nos esprits
modelés par Freud et Jung.

Ainsi, *Phèdre* ne fait pas plus signe vers notre actualité que vers
celle des contemporains de Racine, mais, comme semblent le
confirmer les études de type structuraliste menées par divers
ethnologues du xxe siècle (Lévi-Strauss notamment), l'ancrage
de cette tragédie dans divers universels invariants lui permet
d'être actuelle dans tous les contextes ; nourrie de psychanalyse, sans doute notre époque nous dispose-t-elle cependant plus encore que les précédentes à en déceler et à en
comprendre l'extraordinaire force archétypale.

Gouache de Fesch et Whirsker, XVIIIᵉ.

Phèdre

Racine

Tragédie (1677)

Préface

Voici encore une tragédie dont le sujet est pris d'Euripide[1]. Quoique j'aie suivi une route un peu différente de
celle de cet auteur pour la conduite de l'action, je n'ai pas
laissé[2] d'enrichir ma pièce de tout ce qui m'a paru plus
5 éclatant[3] dans la sienne. Quand je ne lui devrais[4] que la
seule idée du caractère de Phèdre, je pourrais dire que je
lui dois ce que j'ai peut-être mis de plus raisonnable[5] sur
le théâtre. Je ne suis point étonné que ce caractère ait eu
un succès si heureux du temps d'Euripide, et qu'il ait
10 encore si bien réussi dans notre siècle, puisqu'il a toutes
les qualités qu'Aristote[6] demande dans le héros de la tragédie, et qui sont propres à exciter la compassion et la terreur. En effet, Phèdre n'est ni tout à fait coupable, ni tout
à fait innocente. Elle est engagée, par sa destinée et par la
15 colère des dieux[7], dans une passion illégitime, dont elle a
horreur toute la première[8]. Elle fait tous ses efforts pour
la surmonter. Elle aime mieux se laisser mourir que de la
déclarer à personne. Et lorsqu'elle est forcée de la découvrir[9], elle en parle avec une confusion[10] qui fait bien voir

---

1. **Euripide :** avant de s'inspirer, pour *Phèdre* (1677), de l'*Hippolyte porte-
couronne* d'Euripide (ve siècle avant J.-C.), Racine avait emprunté au
même tragique grec des éléments de son *Iphigénie* (1674).
2. **Je n'ai pas laissé :** je n'ai pas manqué.
3. **Plus éclatant :** le plus éclatant (superlatif).
4. **Quand je ne lui devrais :** même si je ne lui devais.
5. **Raisonnable :** juste, convenable, approprié.
6. **Aristote :** philosophe grec (ive siècle avant J.-C.), dont la *Poétique* a eu
la plus grande influence sur les auteurs dramatiques du xviie siècle.
7. **La colère des dieux :** en l'occurrence, celle de Vénus, déesse de
l'Amour.
8. **Toute la première :** la toute première.
9. **Découvrir :** révéler, manifester.
10. **Confusion :** trouble, vive émotion.

que son crime[1] est plutôt une punition des dieux qu'un 20
mouvement de sa volonté.

J'ai même pris soin de la rendre un peu moins odieuse
qu'elle n'est dans les tragédies des Anciens[2], où elle se
résout d'elle-même à accuser Hippolyte. J'ai cru que la
calomnie avait quelque chose de trop bas et de trop noir 25
pour la mettre dans la bouche d'une princesse qui a
d'ailleurs[3] des sentiments si nobles et si vertueux. Cette
bassesse m'a paru plus convenable à[4] une nourrice, qui
pouvait avoir des inclinations plus serviles[5], et qui néanmoins n'entreprend cette fausse accusation que pour 30
sauver la vie et l'honneur de sa maîtresse. Phèdre n'y
donne les mains[6] que parce qu'elle est dans une agitation
d'esprit qui la met hors d'elle-même, et elle vient un
moment après dans le dessein[7] de justifier[8] l'innocence
et de déclarer la vérité. 35

Hippolyte est accusé, dans Euripide et dans Sénèque,
d'avoir en effet[9] violé sa belle-mère : *vim corpus tulit*[10].
Mais il n'est ici accusé que d'en avoir eu le dessein. J'ai
voulu épargner à Thésée une confusion qui l'aurait pu
rendre moins agréable aux spectateurs. 40

Pour ce qui est du personnage d'Hippolyte, j'avais
remarqué dans les Anciens qu'on reprochait à Euripide de
l'avoir représenté comme un philosophe exempt de toute
imperfection : ce qui faisait que la mort de ce jeune prince

---

1. **Son crime :** sa faute.
2. **Des Anciens :** en l'occurrence, Euripide et Sénèque, ce dernier étant un
   philosophe et dramaturge latin auteur d'une *Phèdre* (IIᵉ siècle avant J.-C.).
3. **D'ailleurs :** par ailleurs.
4. **M'a paru plus convenable à :** m'a paru mieux convenir à.
5. **Serviles :** propres à un esclave.
6. **N'y donne les mains :** n'y consent, n'y contribue.
7. **Le dessein :** l'intention.
8. **Justifier :** rendre justice à.
9. **En effet :** dans les faits, réellement.
10. ***Vim corpus tulit* :** « mon corps a subi sa violence » (Sénèque, *Phè-
    dre*, v. 892).

45 causait beaucoup plus d'indignation que de pitié. J'ai cru lui devoir donner quelque faiblesse[1] qui le rendrait un peu coupable envers son père, sans pourtant lui rien ôter de cette grandeur d'âme avec laquelle il épargne l'honneur de Phèdre et se laisse opprimer[2] sans l'accuser. J'appelle
50 faiblesse la passion qu'il ressent malgré lui pour Aricie, qui est la fille et la sœur des ennemis mortels de son père.

Cette Aricie n'est point un personnage de mon invention. Virgile[3] dit qu'Hippolyte l'épousa et en eut un fils, après qu'Esculape[4] l'eut ressuscité. Et j'ai lu encore dans
55 quelques auteurs[5] qu'Hippolyte avait épousé et emmené en Italie une jeune Athénienne de grande naissance, qui s'appelait Aricie, et qui avait donné son nom à une petite ville d'Italie.

Je rapporte ces autorités[6], parce que je me suis très
60 scrupuleusement attaché à suivre la fable[7]. J'ai même suivi l'histoire de Thésée, telle qu'elle est dans Plutarque[8].

C'est dans cet historien que j'ai trouvé que ce qui avait donné occasion de croire que Thésée fût descendu dans les enfers pour enlever Proserpine[9] était un voyage que ce
65 prince avait fait en Épire[10] vers la source de l'Achéron[11],

---

1. **Faiblesse :** imperfection, défaut.
2. **Opprimer :** accuser injustement.
3. **Virgile :** poète latin (Ier siècle avant J.-C.), dont l'*Énéide* (chant VII, vers 761-769) mentionne Hippolyte et Aricie.
4. **Esculape :** dieu de la Médecine chez les Romains.
5. **Dans quelques auteurs :** en l'occurrence, chez Philostrate, *Les Images ou tableaux de plate peinture* (IIIe siècle après J.-C.).
6. **Ces autorités :** ces auteurs qui font autorité.
7. **Fable :** récit mythologique.
8. **Plutarque :** écrivain grec (vers 50-150 après J.-C.), auteur des *Vies des hommes illustres* où figure notamment une « Vie de Thésée ».
9. **Proserpine :** épouse de Pluton (Hadès), dieu des Morts, avec lequel elle passe la moitié de l'année aux Enfers.
10. **Épire :** région de la péninsule des Balkans où les Grecs situaient l'entrée des Enfers.
11. **Achéron :** fleuve des Enfers dans la mythologie grecque.

chez un roi[1] dont Pirithoüs[2] voulait enlever la femme, et qui arrêta[3] Thésée prisonnier, après avoir fait mourir Pirithous. Ainsi j'ai tâché de conserver la vraisemblance de l'histoire, sans rien perdre des ornements de la fable, qui fournit extrêmement à la poésie. Et le bruit de la mort de Thésée, fondé sur ce voyage fabuleux, donne lieu à Phèdre de faire une déclaration d'amour qui devient une des principales causes de son malheur, et qu'elle n'aurait jamais osé faire tant qu'elle aurait cru que son mari était vivant. 70

Au reste, je n'ose encore assurer que cette pièce soit en effet[4] la meilleure de mes tragédies. Je laisse aux lecteurs et au temps à décider de son véritable prix[5]. Ce que je puis assurer, c'est que je n'en ai point fait où la vertu soit plus mise en jour[6] que dans celle-ci. Les moindres fautes y sont sévèrement punies. La seule pensée du crime y est regardée avec autant d'horreur que le crime même. Les faiblesses de l'amour y passent pour de vraies faiblesses ; les passions n'y sont présentées aux yeux que pour montrer tout le désordre dont elles sont cause ; et le vice y est peint partout avec des couleurs qui en font connaître et haïr la difformité[7]. C'est là proprement[8] le but que tout homme qui travaille pour le public doit se proposer ; et c'est ce que les premiers poètes tragiques avaient en vue sur toute chose[9]. Leur théâtre était une école où la vertu n'était pas moins bien enseignée que dans les écoles des philosophes. Aussi Aristote a bien voulu donner des règles du poème dramatique ; et Socrate[10], le plus sage des philosophes, ne 75 80 85 90

---

1. **Un roi :** selon Plutarque, Ædonée.
2. **Pirithoüs :** compagnon et ami de Thésée.
3. **Arrêta :** retint.
4. **En effet :** véritablement.
5. **Prix :** valeur.
6. **Mise en jour :** mise en évidence.
7. **La difformité :** l'horreur, la monstruosité.
8. **Proprement :** précisément.
9. **Sur toute chose :** par-dessus tout.
10. **Socrate :** philosophe grec du ve siècle avant J.-C.

dédaignait pas de mettre la main aux tragédies d'Euripide.
Il serait à souhaiter que nos ouvrages fussent aussi solides
95 et aussi pleins d'utiles instructions que ceux de ces poètes.
Ce serait peut-être un moyen de réconcilier la tragédie
avec quantité de personnes célèbres par leur piété et par
leur doctrine[1], qui l'ont condamnée dans ces derniers
temps[2], et qui en jugeraient sans doute plus favorablement
100 si les auteurs songeaient autant à instruire leurs spectateurs qu'à les divertir, et s'ils suivaient en cela la véritable intention[3] de la tragédie.

---

1. **Doctrine :** savoir.
2. **Qui l'ont condamnée dans ces derniers temps :**   allusion de
   Racine à la récente querelle de la moralité du théâtre, alors accusé
   d'« empoisonner les âmes » par divers courants rigoristes de l'Église
   française.
3. **L'intention :** le but, la finalité.

PERSONNAGES

THÉSÉE,	*fils d'Égée, roi d'Athènes.*
PHÈDRE,	*femme de Thésée, fille de Minos et de Pasiphaé.*
HIPPOLYTE,	*fils de Thésée et d'Antiope, reine des Amazones.*
ARICIE,	*princesse du sang royal d'Athènes.*
THÉRAMÈNE,	*gouverneur d'Hippolyte.*
ŒNONE,	*nourrice et confidente de Phèdre.*
ISMÈNE,	*confidente d'Aricie.*
PANOPE,	*femme de la suite de Phèdre.*
GARDES.	

La scène est à Trézène, ville du Péloponnèse.

ACTE I

Scène 1

Hippolyte

Le dessein[1] en est pris : je pars, cher Théramène,
Et quitte le séjour de l'aimable[2] Trézène[3].
Dans le doute mortel où je suis agité,
Je commence à rougir de mon oisiveté.
5 Depuis plus de six mois éloigné de mon père,
J'ignore le destin d'une tête[4] si chère ;
J'ignore jusqu'aux lieux qui le peuvent cacher.

Théramène

Et dans quels lieux, seigneur, l'allez-vous donc chercher ?
Déjà pour satisfaire à votre juste crainte,
10 J'ai couru les deux mers[5] que sépare Corinthe ;
J'ai demandé Thésée aux peuples de ces bords[6]
Où l'on voit l'Achéron[7] se perdre chez les morts ;
J'ai visité l'Élide[8], et, laissant le Ténare[9],
Passé jusqu'à la mer qui vit tomber Icare[10].
15 Sur quel espoir nouveau, dans quels heureux climats[11]
Croyez-vous découvrir la trace de ses pas ?
Qui sait même, qui sait si le roi votre père
Veut que de son absence on sache le mystère ?
Et si, lorsqu'avec vous nous tremblons pour ses jours,
20 Tranquille, et nous cachant de nouvelles amours,

---

1. **Le dessein :** la résolution.
2. **Aimable :** agréable, digne d'être aimé.
3. **Trézène :** port du Péloponnèse.
4. **Une tête :** une personne.
5. **Les deux mers :** la mer Ionienne et la mer Égée.
6. **Bords :** rivages.
7. **Achéron :** fleuve des Enfers.
8. **Élide :** région du Péloponnèse.
9. **Ténare :** région du Péloponnèse.
10. **La mer qui vit tomber Icare :** la mer Égée, où Icare avait chu pour avoir volé trop près du soleil avec ses ailes de plume et de cire.
11. **Climats :** pays (où règne un certain climat).

Ce héros n'attend point qu'une amante abusée [1]...

HIPPOLYTE

Cher Théramène, arrête ; et respecte Thésée.
De ses jeunes erreurs [2] désormais revenu,
Par un indigne obstacle il n'est point retenu ;
Et, fixant de ses vœux [3] l'inconstance fatale [4],   25
Phèdre depuis longtemps ne craint plus de rivale.
Enfin, en le cherchant je suivrai mon devoir,
Et je fuirai ces lieux, que je n'ose plus voir.

THÉRAMÈNE

Eh ! depuis quand, seigneur, craignez-vous la présence
De ces paisibles lieux si chers à votre enfance,   30
Et dont je vous ai vu préférer le séjour
Au tumulte pompeux d'Athène [5] et de la cour ?
Quel péril, ou plutôt quel chagrin [6] vous en chasse ?

HIPPOLYTE

Cet heureux temps n'est plus. Tout a changé de face
Depuis que sur ces bords les dieux ont envoyé   35
La fille de Minos [7] et de Pasiphaé [8].

THÉRAMÈNE

J'entends [9] : de vos douleurs la cause m'est connue.

---

1. **Une amante abusée :** une femme trompée par celui qu'elle aime et qui l'aime.
2. **Ses jeunes erreurs :** ses erreurs de jeunesse.
3. **Ses vœux :** son cœur, son amour.
4. **Fatale :** funeste.
5. **Athène :** Athènes (licence poétique).
6. **Chagrin :** tourment.
7. **Minos :** roi de Crète incarnant l'ordre et la sagesse, demeuré légendaire pour ses talents de législateur.
8. **Pasiphaé :** fille du Soleil et épouse de Minos, incarnant la luxure. Poséidon la fit en effet tomber amoureuse d'un taureau blanc de manière à se venger de Minos qui avait omis de lui sacrifier l'animal : victime du dieu de la Mer, Pasiphaé se trouvait ainsi également victime de Vénus, déesse prompte à frapper le Soleil (son ennemi de toujours) en s'attaquant à sa descendance.
9. **J'entends :** je comprends.

Phèdre ici vous chagrine et blesse votre vue.
Dangereuse marâtre[1], à peine elle vous vit,
40 Que votre exil d'abord signala son crédit[2].
Mais sa haine sur vous autrefois attachée,
Ou s'est évanouie, ou bien s'est relâchée.
Et d'ailleurs quels périls peut vous faire courir
Une femme mourante, et qui cherche à mourir ?
45 Phèdre, atteinte d'un mal qu'elle s'obstine à taire,
Lasse enfin d'elle-même et du jour qui l'éclaire,
Peut-elle contre vous former quelques desseins ?

HIPPOLYTE

Sa vaine inimitié[3] n'est pas ce que je crains.
Hippolyte en partant fuit une autre ennemie :
50 Je fuis, je l'avouerai, cette jeune Aricie,
Reste d'un sang[4] fatal conjuré[5] contre nous.

THÉRAMÈNE

Quoi ! vous-même, seigneur, la persécutez-vous ?
Jamais l'aimable sœur des cruels Pallantides[6]
Trempa-t-elle aux[7] complots de ses frères perfides ?
55 Et devez-vous haïr ses innocents appas[8] ?

HIPPOLYTE

Si je la haïssais, je ne la fuirais pas.

THÉRAMÈNE

Seigneur, m'est-il permis d'expliquer votre fuite ?
Pourriez-vous n'être plus ce superbe[9] Hippolyte,
Implacable ennemi des amoureuses lois[10],

---

1. **Marâtre :** belle-mère.
2. **Signala son crédit :** témoigna de son influence sur Thésée.
3. **Inimitié :** hostilité.
4. **Un sang :** une famille.
5. **Conjuré :** comploté.
6. **Pallantides :** les fils de Pallas que Thésée massacra pour affirmer son pouvoir à Athènes.
7. **Aux :** dans les.
8. **Appas :** charmes.
9. **Superbe :** fier, orgueilleux.
10. **Des amoureuses lois :** des lois de l'amour.

Et d'un joug[1] que Thésée a subi tant de fois ?   60
Vénus[2], par votre orgueil si longtemps méprisée,
Voudrait-elle à la fin justifier Thésée[3] ?
Et, vous mettant au rang du reste des mortels,
Vous a-t-elle forcé d'encenser ses autels[4] ?
Aimeriez-vous, seigneur ?   65

HIPPOLYTE

        Ami, qu'oses-tu dire ?
Toi qui connais mon cœur depuis que je respire,
Des sentiments d'un cœur si fier[5], si dédaigneux,
Peux-tu me demander le désaveu honteux ?
C'est peu qu'avec son lait une mère amazone[6]
M'ait fait sucer encor cet orgueil qui t'étonne[7] ;   70
Dans un âge plus mûr moi-même parvenu,
Je me suis applaudi quand je me suis connu.
Attaché près de moi par un zèle sincère,
Tu me contais alors l'histoire de mon père.
Tu sais combien mon âme, attentive à ta voix,   75
S'échauffait au récit de ses nobles exploits,
Quand tu me dépeignais ce héros intrépide
Consolant les mortels de l'absence d'Alcide[8],
Les monstres étouffés et les brigands punis,
Procuste, Cercyon, et Scirron, et Sinnis[9],   80

---

1. **Un joug :** en l'occurrence, celui de l'amour.
2. **Vénus :** déesse de l'Amour.
3. **Justifier Thésée :** donner raison à Thésée.
4. **Encenser ses autels :** sacrifier à son culte.
5. **Fier :** farouche, sauvage
6. **Une mère amazone :** en l'occurrence, Antiope. Filles de Mars, dieu de la Guerre, et de la nymphe Harmonie, les Amazones étaient un peuple de femmes guerrières hostiles au mariage. Elles se coupaient un sein pour mieux tirer à l'arc.
7. **Qui t'étonne :** qui te stupéfie.
8. **Alcide :** Hercule, auteur des douze travaux et descendant d'Alcée.
9. **Procuste, Cercyon, et Scirron, et Sinnis :** redoutables brigands, tous tués par Thésée.

Et les os dispersés du géant d'Épidaure[1],
Et la Crète fumant du sang du Minotaure[2].
Mais, quand tu récitais des faits moins glorieux,
Sa foi[3] partout offerte et reçue en cent lieux,
85 Hélène à ses parents dans Sparte dérobée[4],
Salamine témoin des pleurs de Péribée[5],
Tant d'autres, dont les noms lui sont même échappés,
Trop crédules esprits que sa flamme[6] a trompés ;
Ariane[7] aux rochers contant ses injustices,
90 Phèdre enlevée enfin sous de meilleurs auspices[8] ;
Tu sais comme, à regret écoutant ce discours,
Je te pressais souvent d'en abréger le cours :
Heureux si j'avais pu ravir à la mémoire[9]
Cette indigne moitié d'une si belle histoire !
95 Et moi-même, à mon tour, je me verrais lié[10] !
Et les dieux jusque-là m'auraient humilié !
Dans mes lâches soupirs[11] d'autant plus méprisable,
Qu'un long amas d'honneurs rend Thésée excusable,

---

1. **Du géant d'Épidaure :** Périphète (dit Porte-Massue), brigand terrassé par Thésée.
2. **Minotaure :** monstre crétois, mi-homme mi-taureau, fruit des amours de Pasiphaé avec le taureau blanc de Minos. Enfermé par ce dernier dans un labyrinthe, il se nourrissait de la chair de sept jeunes gens et sept jeunes filles qu'Athènes devait lui livrer chaque année, jusqu'à ce que Thésée parvienne à en débarrasser la Crète.
3. **Sa foi :** sa promesse d'être fidèle en amour.
4. **Hélène [...] dérobée :** séduit par sa jeunesse et sa beauté, Thésée avait enlevé à ses parents la même Hélène qui devait causer plus tard la guerre de Troie.
5. **Péribée :** fille du roi de Salamine, conquise et abandonnée par Thésée.
6. **Sa flamme :** son amour.
7. **Ariane :** sœur de Phèdre, amoureuse de Thésée et abandonnée par lui sur l'île de Naxos après l'avoir aidé à triompher du Minotaure.
8. **Sous de meilleurs auspices :** il était prévu au moment du rapt que Phèdre épousât Thésée.
9. **Ravir à la mémoire :** effacer du souvenir des hommes.
10. **Lié :** prisonnier des liens de l'amour.
11. **Soupirs :** soupirs d'amour.

Qu'aucuns monstres[1] par moi domptés jusqu'aujourd'hui
Ne m'ont acquis le droit de faillir comme lui !   100
Quand même ma fierté[2] pourrait s'être adoucie,
Aurais-je pour vainqueur dû choisir Aricie ?
Ne souviendrait-il plus à mes sens égarés
De l'obstacle[3] éternel qui nous a séparés ?
Mon père la réprouve[4] ; et, par des lois sévères,   105
Il défend de donner des neveux à ses frères :
D'une tige coupable il craint un rejeton ;
Il veut avec leur sœur ensevelir leur nom,
Et que[5], jusqu'au tombeau soumise à sa tutelle,
Jamais les feux d'hymen ne s'allument pour elle[6].   110
Dois-je épouser ses droits contre un père irrité ?
Donnerai-je l'exemple à la témérité ?
Et, dans un fol amour ma jeunesse embarquée[7]...

THÉRAMÈNE

Ah ! seigneur ! si votre heure est une fois marquée[8],
Le ciel de nos raisons ne sait point s'informer[9].   115
Thésée ouvre vos yeux, en voulant les fermer ;
Et sa haine, irritant une flamme rebelle[10],
Prête à son ennemie[11] une grâce nouvelle.
Enfin, d'un chaste amour pourquoi vous effrayer ?
S'il a quelque douceur, n'osez-vous l'essayer[12] ?   120

---

1. **Qu'aucuns monstres :** pluriel autorisé par la langue classique.
2. **Ma fierté :** le côté farouche et sauvage de mon caractère.
3. **Ne souviendrait-il [...] de l'obstacle :** mes sens égarés auraient-ils oublié l'obstacle.
4. **La réprouve :** en fait une réprouvée.
5. **Et que :** et il veut que.
6. **Que jamais [...] pour elle :** que le mariage lui soit toujours interdit.
7. **Embarquée :** engagée.
8. **Si [...] marquée :** quand le sort en a décidé.
9. **Le ciel [...] s'informer :** le ciel reste sourd aux arguments qu'on lui oppose (autrement dit, on n'y peut rien changer).
10. **Irritant une flamme rebelle :** animant un amour opposé à sa volonté.
11. **Son ennemie :** en l'occurrence, Aricie.
12. **L'essayer :** en faire l'expérience.

En croirez-vous toujours un farouche scrupule ?
Craint-on de s'égarer sur les traces d'Hercule[1] ?
Quels courages[2] Vénus n'a-t-elle pas domptés ?
Vous-même où seriez-vous, vous qui la combattez,
125 Si toujours Antiope[3] à ses lois[4] opposée
D'une pudique ardeur n'eût brûlé pour Thésée ?
Mais que sert d'affecter un superbe discours[5] ?
Avouez-le, tout change ; et, depuis quelques jours,
On vous voit moins souvent, orgueilleux et sauvage,
130 Tantôt faire voler un char sur le rivage,
Tantôt, savant dans l'art par Neptune inventé[6],
Rendre docile au frein[7] un coursier indompté ;
Les forêts de nos cris moins souvent retentissent :
Chargés d'un feu secret, vos yeux s'appesantissent.
135 Il n'en faut point douter : vous aimez, vous brûlez ;
Vous périssez d'un mal que vous dissimulez.
La charmante[8] Aricie a-t-elle su vous plaire ?

HIPPOLYTE

Théramène, je pars, et vais chercher mon père.

THÉRAMÈNE

Ne verrez-vous point Phèdre avant que de partir,
140 Seigneur ?

HIPPOLYTE

      C'est mon dessein : tu peux l'en avertir.
Voyons-la, puisque ainsi mon devoir me l'ordonne.
Mais quel nouveau malheur trouble sa chère Œnone ?

---

1. **Craint-on [...] Hercule :** Hercule lui aussi connut l'amour.
2. **Quels courages :** quels cœurs.
3. **Antiope :** Antiope, la mère d'Hippolyte, était vouée à la chasteté.
4. **Ses lois :** celles de Vénus.
5. **D'affecter un superbe discours :** de simuler avec affectation un discours orgueilleux.
6. **L'art par Neptune inventé :** le dressage des chevaux.
7. **Au frein :** au mors.
8. **Charmante :** envoûtante, ensorcelante.

Gouache de Fesch et Whirsker, XVIIIᵉ.

Clefs d'analyse
Acte I, scène 1

Compréhension

La fuite d'Hippolyte

- Relever le champ lexical de la fuite dans les répliques d'Hippolyte.
- Noter les prétextes qu'il avance pour justifier sa décision.

Les personnes dont on parle

- Relever les informations données concernant Phèdre et Aricie.
- Noter les qualités et les défauts prêtés à Thésée par chacun des deux personnages.

Réflexion

Exposition

- Interpréter l'importance accordée à Thésée dans cette exposition.
- Analyser la manière dont les malentendus entre Hippolyte et Théramène servent l'annonce des principaux thèmes et personnages de la pièce.

Des motivations obscures

- Expliquer la peine d'Hippolyte à justifier son besoin de fuir.
- Interpréter l'apparente difficulté de Théramène à comprendre les allusions de son maître.

À retenir :

Remplissant une fonction essentiellement informative, une scène d'exposition doit avant tout renseigner clairement et pleinement le spectateur sur la nature de l'action à venir et sur les relations unissant ses principaux protagonistes. Pour respecter le principe de vraisemblance, elle doit cependant s'acquitter de cette tâche de la manière la plus naturelle possible. Tout l'art du dramaturge consiste donc à dissimuler l'artifice sur lequel repose ce type de scène.

Scène 2 Hippolyte, Théramène, Œnone

Œnone

Hélas ! seigneur, quel trouble au mien peut être égal ?
La reine touche presque à son terme fatal [1].
En vain à l'observer jour et nuit je m'attache [2] :   145
Elle meurt dans mes bras d'un mal qu'elle me cache.
Un désordre éternel règne dans son esprit ;
Son chagrin inquiet [3] l'arrache de son lit :
Elle veut voir le jour ; et sa douleur profonde
M'ordonne toutefois d'écarter tout le monde...   150
Elle vient...

Hippolyte

   Il suffit : je la laisse en ces lieux,
Et ne lui montre point un visage odieux [4].

---

1. **Son terme fatal :** sa mort funeste ou fixée par le destin.
2. **Je m'attache :** je m'emploie.
3. **Inquiet :** agité, qui l'empêche de trouver le calme et le repos.
4. **Odieux :** qu'elle hait.

Scène 3 <small>PHÈDRE, ŒNONE</small>

PHÈDRE

N'allons point plus avant, demeurons[1], chère Œnone.
Je ne me soutiens plus ; ma force m'abandonne :
155 Mes yeux sont éblouis du jour que je revoi[2] ;
Et mes genoux tremblants se dérobent sous moi.
Hélas !
(Elle s'assied.)

ŒNONE

Dieux tout-puissants, que nos pleurs vous apaisent !

PHÈDRE

Que ces vains ornements, que ces voiles me pèsent !
Quelle importune main, en formant tous ces nœuds,
160 A pris soin sur mon front d'assembler mes cheveux ?
Tout m'afflige[3], et me nuit, et conspire à me nuire.

ŒNONE

Comme on voit tous ses vœux l'un l'autre se détruire !
Vous-même, condamnant vos injustes desseins[4],
Tantôt[5] à vous parer vous excitiez nos mains ;
165 Vous-même, rappelant[6] votre force première,
Vous vouliez vous montrer et revoir la lumière.
Vous la voyez, madame ; et, prête à vous cacher,
Vous haïssez le jour que vous veniez chercher !

PHÈDRE

Noble et brillant auteur d'une triste famille,

---

1. **Demeurons :** arrêtons-nous.
2. **Revoi :** revois (licence poétique).
3. **M'afflige :** m'accable, m'abat.
4. **Vos injustes desseins :** vos décisions injustifiées (en l'occurrence, celle de ne plus sortir).
5. **Tantôt :** tout à l'heure.
6. **Rappelant :** ranimant.

Gravure de Massard pour l'acte I, scène 3.

170 Toi, dont ma mère osait se vanter d'être fille[1],
Qui peut-être rougis du trouble où tu me vois,
Soleil, je te viens voir pour la dernière fois.

ŒNONE

Quoi ! vous ne perdrez point cette cruelle envie ?
Vous verrai-je toujours, renonçant à la vie,
175 Faire de votre mort les funestes apprêts[2] ?

PHÈDRE

Dieux ! que ne suis-je assise à l'ombre des forêts !
Quand pourrai-je, au travers d'une noble poussière[3],
Suivre de l'œil un char[4] fuyant dans la carrière[5] ?

ŒNONE

Quoi, madame ?

PHÈDRE

                    Insensée ! où suis-je ? et qu'ai-je dit ?
180 Où laissé-je égarer mes vœux[6] et mon esprit ?
Je l'ai perdu : les dieux m'en ont ravi[7] l'usage.
Œnone, la rougeur[8] me couvre le visage :
Je te laisse trop voir mes honteuses douleurs ;
Et mes yeux, malgré moi, se remplissent de pleurs.

ŒNONE

185 Ah ! s'il vous faut rougir, rougissez d'un silence
Qui de vos maux encore aigrit[9] la violence.

---

1. **Noble [...] la fille** : Pasiphaé, mère de Phèdre, est née de l'union d'Hélios, dieu du Soleil, et de l'Océanide Perséis.
2. **Les funestes apprêts** : les macabres préparatifs.
3. **Une noble poussière** : il faut comprendre ici que la course de char, qui était alors un sport aristocratique, anoblit la poussière qu'elle soulève.
4. **Un char** : celui d'Hippolyte.
5. **La carrière** : la piste.
6. **Mes vœux** : mes désirs amoureux.
7. **Ravi** : dérobé.
8. **La rougeur** : la rougeur de la honte.
9. **Aigrit** : exacerbe.

Rebelle à tous nos soins, sourde à tous nos discours,
Voulez-vous, sans pitié, laisser finir vos jours ?
Quelle fureur les borne[1] au milieu de leur course ?
Quel charme[2] ou quel poison en a tari la source ? 190
Les ombres[3] par trois fois ont obscurci les cieux
Depuis que le sommeil n'est entré[4] dans vos yeux ;
Et le jour a trois fois chassé la nuit obscure
Depuis que votre corps languit[5] sans nourriture.
À quel[6] affreux dessein vous laissez-vous tenter ? 195
De quel droit sur vous-même osez-vous attenter ?
Vous offensez les dieux auteurs de votre vie ;
Vous trahissez l'époux à qui la foi[7] vous lie ;
Vous trahissez enfin vos enfants malheureux,
Que vous précipitez sous un joug[8] rigoureux. 200
Songez qu'un même jour leur ravira leur mère,
Et rendra l'espérance au fils de l'étrangère[9],
À ce fier ennemi de vous, de votre sang[10],
Ce fils qu'une Amazone a porté dans son flanc,
Cet Hippolyte... 205

PHÈDRE

Ah ! dieux !

ŒNONE

Ce reproche vous touche ?

---

1. **Quelle fureur les borne :** quelle folie les arrête.
2. **Quel charme :** quel sort, quelle puissance magique.
3. **Les ombres :** les ombres de la nuit.
4. **N'est entré :** n'est pas entré.
5. **Languit :** dépérit.
6. **À quel :** par quel.
7. **La foi :** la fidélité.
8. **Un joug :** une servitude.
9. **Au fils de l'étrangère :** Hippolyte est le fils d'Antiope, la reine de ces Amazones que les Grecs tenaient pour l'incarnation même du peuple étranger et barbare.
10. **Sang :** famille, lignée.

PHÈDRE

Malheureuse ! quel nom est sorti de ta bouche !

ŒNONE

Eh bien ! votre colère éclate avec raison :
J'aime à vous voir frémir à ce funeste nom.
Vivez donc : que l'amour, le devoir, vous excite[1] ;
210   Vivez, ne souffrez pas que le fils d'une Scythe[2],
Accablant vos enfants d'un empire odieux[3],
Commande au plus beau sang de la Grèce et des dieux[4].
Mais ne différez point[5] ; chaque moment vous tue :
Réparez promptement votre force abattue,
215   Tandis que de vos jours, prêts à[6] se consumer,
Le flambeau dure encore, et peut se rallumer.

PHÈDRE

J'en ai trop prolongé la coupable durée.

ŒNONE

Quoi ! de quelques remords êtes-vous déchirée ?
Quel crime[7] a pu produire un trouble si pressant[8] ?
220   Vos mains n'ont point trempé dans le sang innocent ?

PHÈDRE

Grâces au ciel, mes mains ne sont point criminelles.
Plût aux dieux que mon cœur fût innocent comme elles !

ŒNONE

Et quel affreux projet avez-vous enfanté,

---

1. **Vous excite :** vous ranime.
2. **Le fils d'une Scythe :** en l'occurrence, Hippolyte. Les Amazones vivaient en Scythie, région située entre la mer Caspienne et la mer Noire.
3. **Un empire odieux :** une détestable domination.
4. **Au plus beau sang de la Grèce et des dieux :** contrairement à Hippolyte, issu d'un sang barbare du côté de sa mère Antiope, Phèdre et Thésée, et par conséquent leurs enfants, sont d'ascendance divine.
5. **Ne différez point :** n'attendez pas davantage.
6. **Prêts à :** sur le point de.
7. **Crime :** faute.
8. **Pressant :** oppressant.

Dont votre cœur encor[1] doive être épouvanté ?

PHÈDRE

Je t'en ai dit assez : épargne-moi le reste.   225
Je meurs, pour ne point faire un aveu si funeste.

ŒNONE

Mourez donc, et gardez un silence inhumain ;
Mais pour fermer vos yeux cherchez une autre main ;
Quoiqu'il vous reste à peine une faible lumière,
Mon âme chez les morts descendra la première ;   230
Mille chemins ouverts y conduisent toujours,
Et ma juste douleur choisira les plus courts.
Cruelle ! quand ma foi vous a-t-elle déçue ?[2]
Songez-vous qu'en naissant[3] mes bras vous ont reçue ?
Mon pays, mes enfants, pour vous j'ai tout quitté.   235
Réserviez-vous ce prix à ma fidélité ?

PHÈDRE

Quel fruit[4] espères-tu de tant de violence ?
Tu frémiras d'horreur si je romps le silence.

ŒNONE

Et que me direz-vous qui ne cède, grands dieux !
À l'horreur[5] de vous voir expirer à mes yeux ?   240

PHÈDRE

Quand tu sauras mon crime et le sort[6] qui m'accable,
Je n'en mourrai pas moins ; j'en mourrai plus coupable.

ŒNONE

Madame, au nom des pleurs que pour vous j'ai versés,

---

1. **Encor** : encore.
2. **Quand ma foi vous a-t-elle déçue ?** : quand vous ai-je trahie en
   cessant de vous être fidèle ?
3. **En naissant** : lorsque vous êtes née.
4. **Quel fruit** : quel résultat.
5. **Qui ne cède [...] à l'horreur** : qui puisse excéder l'horreur, être pire
   que l'horreur.
6. **Le sort** : le destin.

Par vos faibles genoux que je tiens embrassés[1],
245 Délivrez mon esprit de ce funeste doute.

PHÈDRE

Tu le veux : lève-toi.

ŒNONE

Parlez : je vous écoute.

PHÈDRE

Ciel ! que vais-je lui dire ? et par où commencer ?

ŒNONE

Par de vaines frayeurs cessez de m'offenser[2].

PHÈDRE

Ô haine de Vénus ! Ô fatale colère !
250 Dans quels égarements l'amour jeta ma mère[3] !

ŒNONE

Oublions-les, madame ; et qu'à tout l'avenir
Un silence éternel cache ce souvenir.

PHÈDRE

Ariane, ma sœur, de quel amour blessée
Vous mourûtes aux bords où vous fûtes laissée[4] !

ŒNONE

255 Que faites-vous, madame ? et quel mortel ennui[5]
Contre tout votre sang[6] vous anime aujourd'hui ?

---

1. **Par vos faibles genoux que je tiens embrassés :** dans l'Antiquité, cette posture était classiquement adoptée par le suppliant, qui devait étreindre les genoux de la personne implorée, tout en lui tenant le menton.
2. **Offenser :** faire souffrir.
3. **Dans quels égarements l'amour jeta ma mère :** envoûtée par Vénus, Pasiphaé était tombée amoureuse d'un taureau.
4. **Ariane [...] laissée :** Ariane mourut sur l'île de Naxos où l'abandonna Thésée, dont elle était amoureuse.
5. **Ennui :** dégoût, désespoir.
6. **Sang :** ascendance.

PHÈDRE

Puisque Vénus le veut, de ce sang déplorable[1]
Je péris la dernière, et la plus misérable.

ŒNONE

Aimez-vous ?

PHÈDRE

De l'amour j'ai toutes les fureurs.

ŒNONE

Pour qui ?   260

PHÈDRE

Tu vas ouïr le comble des horreurs.
J'aime... À ce nom fatal, je tremble, je frissonne.
J'aime...

ŒNONE

Qui ?

PHÈDRE

Tu connais ce fils de l'Amazone,
Ce prince si longtemps par moi-même opprimé ?

ŒNONE

Hippolyte ? Grands dieux !

PHÈDRE

C'est toi qui l'as nommé !

ŒNONE

Juste ciel ! tout mon sang dans mes veines se glace !   265
Ô désespoir ! ô crime ! ô déplorable race !
Voyage infortuné ! Rivage malheureux[2],
Fallait-il approcher de tes bords dangereux !

PHÈDRE

Mon mal vient de plus loin. À peine au fils d'Égée[3]

---

1. **Déplorable :** digne de pitié.
2. **Rivage malheureux :** celui de Trézène.
3. **Au fils d'Égée :** à Thésée.

270 Sous les lois de l'hymen[1] je m'étais engagée,
Mon repos, mon bonheur semblait s'être affermi,
Athènes me montra mon superbe[2] ennemi :
Je le vis, je rougis, je pâlis à sa vue ;
Un trouble s'éleva dans mon âme éperdue ;
275 Mes yeux ne voyaient plus, je ne pouvais parler ;
Je sentis tout mon corps et transir[3] et brûler ;
Je reconnus Vénus et ses feux redoutables,
D'un sang qu'elle poursuit[4] tourments inévitables.
Par des vœux[5] assidus je crus les détourner :
280 Je lui bâtis un temple, et pris soin de l'orner ;
De victimes moi-même à toute heure entourée,
Je cherchais dans leurs flancs[6] ma raison égarée :
D'un incurable amour remèdes impuissants !
En vain sur les autels ma main brûlait l'encens :
285 Quand ma bouche implorait le nom de la déesse,
J'adorais Hippolyte ; et, le voyant sans cesse,
Même au pied des autels que je faisais fumer,
J'offrais tout à ce dieu que je n'osais nommer.
Je l'évitais partout. Ô comble de misère !
290 Mes yeux le retrouvaient dans les traits de son père.
Contre moi-même enfin j'osai me révolter :
J'excitai mon courage[7] à le persécuter.
Pour bannir l'ennemi dont j'étais idolâtre,
J'affectai[8] les chagrins[9] d'une injuste marâtre[10] ;

---

1. **L'hymen :** le mariage.
2. **Superbe :** farouche.
3. **Transir :** se glacer.
4. **D'un sang qu'elle poursuit :** d'une famille qu'elle persécute.
5. **Vœux :** prières.
6. **Dans leurs flancs :** les Grecs lisaient l'avenir dans les entrailles des animaux.
7. **Mon courage :** mon cœur.
8. **J'affectai :** je simulai.
9. **Les chagrins :** l'aigreur, l'irritation.
10. **Marâtre :** belle-mère.

Je pressai son exil[1] ; et mes cris éternels   295
L'arrachèrent du sein et des bras paternels.
Je respirais, Œnone ; et, depuis son absence,
Mes jours moins agités coulaient dans l'innocence ;
Soumise à mon époux, et cachant mes ennuis[2],
De son fatal hymen je cultivais les fruits[3].   300
Vaines précautions ! Cruelle destinée !
Par mon époux lui-même à Trézène amenée,
J'ai revu l'ennemi que j'avais éloigné :
Ma blessure trop vive aussitôt a saigné.
Ce n'est plus une ardeur dans mes veines cachée :   305
C'est Vénus tout entière[4] à sa proie attachée.
J'ai conçu pour mon crime une juste terreur :
J'ai pris la vie en haine et ma flamme[5] en horreur ;
Je voulais en mourant prendre soin de ma gloire[6],
Et dérober au jour une flamme si noire :   310
Je n'ai pu soutenir tes larmes, tes combats ;
Je t'ai tout avoué ; je ne m'en repens pas,
Pourvu que, de ma mort respectant les approches,
Tu ne m'affliges plus[7] par d'injustes reproches,
Et que tes vains secours cessent de rappeler[8]   315
Un reste de chaleur tout prêt à[9] s'exhaler.

---

1. **Je pressai son exil :** je fis en sorte d'obtenir au plus tôt son exil.
2. **Mes ennuis :** mes tourments.
3. **De son fatal hymen je cultivais les fruits :** j'élevais les enfants de notre funeste mariage.
4. **Tout entière :** toute entière.
5. **Ma flamme :** mon amour.
6. **Gloire :** honneur, réputation.
7. **Tu ne m'affliges plus :** tu ne me fasses plus souffrir.
8. **Rappeler :** ranimer.
9. **Prêt à :** sur le point de.

Clefs d'analyse

Acte I, scène 3

Compréhension

Phèdre

- Relever les allusions de Phèdre à son corps et son hérédité.
- Étudier la façon dont Phèdre décrit sa situation en empruntant aux images de l'ombre et de la lumière, de la chaleur et de la glace, des éléments liquides et du feu.

Un amour impossible

- Observer, dans les paroles de Phèdre, les différents glissements entre son amour et sa haine pour Hippolyte.
- Identifier les passages associant maladie et amour.

Réflexion

Le tragique et les dieux

- Analyser la manière dont Phèdre associe régulièrement amour et religion, amour et fatalité.
- Discuter la responsabilité de Phèdre dans son malheur.

Parallèles et jeux d'écho

- Expliquer en quoi cette scène reproduit la scène 1 de l'acte I.
- Interpréter les raisons d'un parallèle aussi appuyé entre les deux scènes.

À retenir :

Une même fatalité lie les sorts de Phèdre et d'Hippolyte.
Cette communauté de destins est suggérée par le parallélisme
des deux scènes d'aveu de l'acte I. Ce dispositif tendant à faire
de Phèdre un double d'Hippolyte a pu trouver une explication
psychanalytique : selon celle-ci, Phèdre incarnerait la part sombre
et inavouable d'un Hippolyte inconsciemment amoureux
de sa mère, et niant sa culpabilité en l'inversant en un désir
de la mère pour le fils.

Scène 4 PHÈDRE, ŒNONE, PANOPE

PANOPE

Je voudrais vous cacher une triste[1] nouvelle,
Madame : mais il faut que je vous la révèle.
La mort vous a ravi[2] votre invincible époux ;
Et ce malheur n'est plus ignoré que de vous.   320

ŒNONE

Panope, que dis-tu ?

PANOPE

           Que la reine abusée[3]
En vain demande au ciel le retour de Thésée ;
Et que, par des vaisseaux arrivés dans le port,
Hippolyte son fils vient d'apprendre sa mort.

PHÈDRE

Ciel !   325

PANOPE

       Pour le choix d'un maître Athènes se partage[4].
Au prince votre fils l'un donne son suffrage,
Madame ; et de l'État, l'autre oubliant les lois,
Au fils de l'étrangère[5] ose donner sa voix.
On dit même qu'au trône une brigue[6] insolente[7]
Veut placer Aricie et le sang de Pallante[8].   330

---

1. **Triste :** funeste.
2. **Ravi :** volé.
3. **Abusée :** trompée par ses illusions.
4. **Se partage :** est divisée.
5. **Au fils de l'étrangère :** à Hippolyte, fils de l'amazone Antiope.
6. **Une brigue :** une faction, un parti.
7. **Insolente :** tout à la fois inaccoutumée (*insolitus*), irrespectueuse des traditions, et par là même arrogante.
8. **Aricie et le sang de Pallante :** Aricie est la fille de Pallante.

J'ai cru de ce péril devoir vous avertir.
Déjà même Hippolyte est tout prêt à partir ;
Et l'on craint, s'il paraît dans ce nouvel[1] orage,
Qu'il n'entraîne après lui tout un peuple volage[2].

ŒNONE

335 Panope, c'est assez : la reine qui t'entend
Ne négligera point cet avis important.

Scène 5 PHÈDRE, ŒNONE

ŒNONE

Madame, je cessais de vous presser de[3] vivre ;
Déjà même au tombeau, je songeais à vous suivre ;
Pour vous en détourner je n'avais plus de voix ;
340 Mais ce nouveau malheur vous prescrit d'autres lois.
Votre fortune[4] change et prend une autre face :
Le roi n'est plus, madame ; il faut prendre sa place.
Sa mort vous laisse un fils à qui vous vous devez,
Esclave s'il vous perd, et roi si vous vivez.
345 Sur qui, dans son malheur, voulez-vous qu'il s'appuie ?
Ses larmes n'auront plus de main qui les essuie[5] ;
Et ses cris innocents, portés jusques aux dieux,
Iront contre sa mère irriter ses aïeux.
Vivez ; vous n'avez plus de reproche à vous faire :
350 Votre flamme[6] devient une flamme ordinaire ;
Thésée en expirant vient de rompre les nœuds

---

1. **Nouvel** : inattendu.
2. **Volage** : inconstant.
3. **Presser de** : inciter à.
4. **Votre fortune** : votre sort.
5. **Qui les essuie** : pour les essuyer.
6. **Votre flamme** : votre amour.

Qui faisaient tout le crime et l'horreur de vos feux[1].
Hippolyte pour vous devient moins redoutable ;
Et vous pouvez le voir sans vous rendre coupable.
Peut-être, convaincu de votre aversion,   355
Il va donner un chef à la sédition[2] :
Détrompez son erreur, fléchissez son courage.
Roi de ces bords heureux, Trézène est son partage[3] ;
Mais il sait[4] que les lois donnent à votre fils
Les superbes remparts que Minerve a bâtis[5].   360
Vous avez l'un et l'autre une juste[6] ennemie :
Unissez-vous tous deux pour combattre Aricie.

PHÈDRE

Eh bien ! à tes conseils je me laisse entraîner.
Vivons, si vers la vie on peut me ramener,
Et si l'amour d'un fils, en ce moment funeste,   365
De mes faibles esprits peut ranimer le reste.

---

1. **Vos feux :** votre amour.
2. **Peut-être [...] sédition :** persuadé de votre haine, il risque de prendre la tête de la révolte.
3. **Roi [...] son partage :** Trézène revient naturellement à Hippolyte qui en est le roi.
4. **Il sait :** Hippolyte sait.
5. **Les superbes remparts que Minerve a bâtis :** la ville d'Athènes, dont Minerve (Athéna) était la protectrice.
6. **Juste :** légitime.

Synthèse _{Acte I}

Un acte d'exposition

Personnages

*La mère incestueuse,
le fils en fuite et le père absent*

Hippolyte ne songe qu'à quitter Trézène pour un motif qu'il ne peut s'avouer à lui-même : désir de partir à la recherche de Thésée, son père depuis longtemps absent ; volonté de fuir la présence de Phèdre, sa belle-mère ; ou besoin de se soustraire à l'amour interdit qu'il éprouve pour Aricie, l'ennemie de Thésée. Phèdre se laisse mourir pour un motif inavouable : l'amour incestueux qu'elle éprouve pour Hippolyte, le fils de Thésée son époux.

Œnone est dévouée corps et âme à Phèdre. À l'annonce de la mort de Thésée, elle engage sa maîtresse à vivre et à se déclarer à Hippolyte.

Langage

▌ *Les périphrases*

La périphrase est une figure de style consistant à caractériser un objet au lieu d'utiliser son nom. Dans cet acte, les périphrases permettent aux personnages d'évoquer à deux reprises l'objet de leur tourment sans avoir à le nommer. Ainsi, Hippolyte ne prononce pas le nom de Phèdre mais parle de « la fille de Minos et de Pasiphaé » (v. 36) ; Phèdre à son tour prend soin de ne pas nommer Hippolyte mais le désigne simplement comme « ce fils de l'Amazone,/Ce prince si longtemps par moi-même opprimé » (v. 262-263). La périphrase sert ainsi une stratégie d'évitement, par laquelle les héros tragiques délèguent à leurs confidents le soin de formuler l'indicible.

Synthèse Acte I

Société

▮ Les problèmes dynastiques

À la mort de Thésée, différents partis se disputent le pouvoir : celui d'Œnone, évoquant la possibilité d'une régence assumée par Phèdre, le temps que le fils de cette dernière soit en âge de régner sur Athènes ; celui d'Hippolyte, fils aîné de Thésée et pouvant se prévaloir de son droit d'aînesse au détriment de son demi-frère ; celui d'Aricie, enfin, seule survivante de la lignée des Pallantides qui détenaient le sceptre d'Athènes avant d'être sauvagement massacrés par Thésée. De telles querelles dynastiques étaient familières à l'homme du XVIIe siècle. La succession d'Henri III et la conquête du trône par Henri IV (1589-1594) n'étaient pas allées sans difficulté. Et peu avant *Phèdre*, le roi de France ne s'était lancé dans la guerre de Dévolution (1667-1668) que pour défendre ses droits dans la succession de Philippe IV, roi d'Espagne.

ACTE II
Scène 1 <small>ARICIE, ISMÈNE</small>

ARICIE

Hippolyte demande à me voir en ce lieu ?
Hippolyte me cherche, et veut me dire adieu ?
Ismène, dis-tu vrai ? N'es-tu point abusée ?[1]

ISMÈNE

370   C'est le premier effet de la mort de Thésée.
Préparez-vous, madame, à voir de tous côtés
Voler vers vous les cœurs par Thésée écartés.
Aricie, à la fin[2], de son sort est maîtresse,
Et bientôt à ses pieds verra toute la Grèce.

ARICIE

375   Ce n'est donc point, Ismène, un bruit mal affermi ?
Je cesse d'être esclave, et n'ai plus d'ennemi ?

ISMÈNE

Non, madame, les dieux ne vous sont plus contraires[3],
Et Thésée a rejoint les mânes de vos frères[4].

ARICIE

Dit-on quelle aventure a terminé ses jours[5] ?

ISMÈNE

380   On sème de sa mort d'incroyables discours[6].
On dit que, ravisseur d'une amante nouvelle[7],
Les flots ont englouti cet époux infidèle ;

---

1. **N'es-tu point abusée ? :** ne te laisses-tu pas tromper ?
2. **À la fin :** enfin.
3. **Contraires :** hostiles.
4. **Les mânes de vos frères :** les âmes de vos frères tués par Thésée.
5. **Quelle aventure a terminé ses jours :** en quelles circonstances il a trouvé la mort.
6. **Discours :** récits.
7. **Ravisseur d'une amante nouvelle :** Thésée ayant enlevé une nouvelle amante.

On dit même, et ce bruit est partout répandu,
Qu'avec Pirithoüs[1] aux enfers descendu,
Il a vu le Cocyte[2] et les rivages sombres,   385
Et s'est montré vivant aux infernales ombres ;
Mais qu'il n'a pu sortir de ce triste[3] séjour,
Et repasser les bords qu'on passe sans retour.

ARICIE

Croirai-je qu'un mortel, avant sa dernière heure,
Peut pénétrer des morts la profonde demeure ?   390
Quel charme[4] l'attirait sur ces bords redoutés ?

ISMÈNE

Thésée est mort, madame, et vous seule en doutez :
Athènes en gémit ; Trézène en est instruite,
Et déjà pour son roi reconnaît Hippolyte ;
Phèdre, dans ce palais, tremblante pour son fils,   395
De ses amis troublés demande les avis.

ARICIE

Et tu crois que, pour moi plus humain que son père,
Hippolyte rendra ma chaîne plus légère ;
Qu'il plaindra mes malheurs ?

ISMÈNE

        Madame, je le croi[5].

ARICIE

L'insensible Hippolyte est-il connu de toi ?   400
Sur quel frivole espoir penses-tu qu'il me plaigne,
Et respecte en moi seule un sexe qu'il dédaigne[6] ?
Tu vois depuis quel temps il évite nos pas,
Et cherche tous les lieux où nous ne sommes pas.

---

1. **Pirithoüs :** compagnon de Thésée.
2. **Cocyte :** fleuve des Enfers, au même titre que l'Achéron.
3. **Triste :** funèbre.
4. **Quel charme :** quel sortilège.
5. **Je le croi :** je le crois. Cette licence poétique permet d'avoir une rime pour l'œil avec *toi*.
6. **Un sexe qu'il dédaigne :** le sexe féminin.

ISMÈNE

405 Je sais de ses froideurs tout ce que l'on récite[1] ;
Mais j'ai vu près de vous ce superbe[2] Hippolyte ;
Et même, en le voyant[3], le bruit de sa fierté[4]
A redoublé pour lui ma curiosité.
Sa présence à ce bruit n'a point paru répondre[5] :
410 Dès vos premiers regards je l'ai vu se confondre[6] ;
Ses yeux, qui vainement voulaient vous éviter,
Déjà pleins de langueur, ne pouvaient vous quitter.
Le nom d'amant peut-être offense son courage[7] ;
Mais il en a les yeux, s'il n'en a le langage.

ARICIE

415 Que mon cœur, chère Ismène, écoute avidement
Un discours qui peut-être a peu de fondement !
Ô toi qui me connais, te semblait-il croyable
Que le triste jouet d'un sort impitoyable,
Un cœur toujours nourri d'amertume et de pleurs,
420 Dût connaître l'amour et ses folles douleurs ?
Reste du sang d'un roi noble fils de la Terre[8],
Je suis seule échappée aux fureurs de la guerre :
J'ai perdu, dans la fleur de leur jeune saison,
Six frères… Quel espoir d'une illustre maison !
425 Le fer[9] moissonna tout ; et la terre humectée
But à regret le sang des neveux[10] d'Érechthée.
Tu sais, depuis leur mort, quelle sévère loi

---

1. **Récite :** raconte.
2. **Superbe :** farouche.
3. **En le voyant :** quand je l'ai vu.
4. **Le bruit de sa fierté :** sa réputation d'homme farouche et sauvage.
5. **Sa présence à ce bruit n'a point paru répondre :** le comportement d'Hippolyte a semblé démentir sa réputation.
6. **Se confondre :** se troubler.
7. **Offense son courage :** blesse son cœur.
8. **Reste du sang d'un roi noble fils de la Terre :** fille de Pallante, Aricie a dès lors pour ancêtre Érechthée, fondateur et roi d'Athènes, fils de Gaïa, la Terre.
9. **Le fer :** le fer des armes.
10. **Des neveux :** des descendants.

Défend à tous les Grecs de soupirer pour moi[1] :
On craint que de la sœur les flammes[2] téméraires
Ne raniment un jour la cendre de ses frères.　　　　　　430
Mais tu sais bien aussi de quel œil dédaigneux
Je regardais ce soin[3] d'un vainqueur soupçonneux[4] ;
Tu sais que, de tout temps à l'amour opposée,
Je rendais souvent grâce à l'injuste Thésée,
Dont l'heureuse rigueur secondait mes mépris.　　　　435
Mes yeux alors, mes yeux n'avaient pas vu son fils.
Non que, par les yeux seuls lâchement enchantée[5],
J'aime en lui sa beauté, sa grâce tant vantée,
Présents dont la nature a voulu l'honorer,
Qu'il méprise lui-même et qu'il semble ignorer :　　　440
J'aime, je prise[6] en lui de plus nobles richesses,
Les vertus de son père, et non point les faiblesses ;
J'aime, je l'avouerai, cet orgueil généreux[7]
Qui n'a jamais fléchi sous le joug amoureux.
Phèdre en vain s'honorait des soupirs[8] de Thésée :　　445
Pour moi, je suis plus fière et fuis la gloire aisée
D'arracher un hommage à mille autres offert,
Et d'entrer dans un cœur de toutes parts ouvert.
Mais de faire fléchir un courage[9] inflexible,
De porter la douleur dans une âme insensible,　　　　450
D'enchaîner un captif de ses fers étonné[10],
Contre un joug qui lui plaît vainement mutiné[11] ;
C'est là ce que je veux ; c'est là ce qui m'irrite[12].

---

1. **De soupirer pour moi** : de m'aimer.
2. **Les flammes** : les amours.
3. **Ce soin** : cette précaution.
4. **D'un vainqueur soupçonneux** : Thésée.
5. **Lâchement enchantée** : honteusement ensorcelée.
6. **Je prise** : j'estime.
7. **Généreux** : noble.
8. **Des soupirs** : des soupirs d'amour.
9. **Un courage** : un cœur.
10. **Étonné** : stupéfait.
11. **Mutiné** : révolté.
12. **Ce qui m'irrite** : ce qui m'anime, ce qui me galvanise.

Hercule à désarmer coûtait moins qu'Hippolyte ;
455 Et vaincu plus souvent, et plus tôt surmonté,
Préparait moins de gloire aux yeux qui l'ont dompté.
Mais, chère Ismène, hélas ! quelle est mon impudence !
On ne m'opposera que trop de résistance :
Tu m'entendras peut-être, humble dans mon ennui[1],
460 Gémir du même orgueil[2] que j'admire aujourd'hui.
Hippolyte aimerait ! Par quel bonheur extrême
Aurais-je pu fléchir...

ISMÈNE
Vous l'entendrez lui-même :

Il vient à vous.

Scène 2 HIPPOLYTE, ARICIE, ISMÈNE

HIPPOLYTE
Madame, avant que de partir,

J'ai cru de votre sort devoir vous avertir.
465 Mon père ne vit plus. Ma juste défiance[3]
Présageait les raisons[4] de sa trop longue absence :
La mort seule, bornant ses travaux éclatants[5],
Pouvait à l'univers le cacher si longtemps.
Les dieux livrent enfin à la Parque homicide[6]
470 L'ami, le compagnon, le successeur d'Alcide[7].

---

1. **Mon ennui :** mon tourment.
2. **Gémir du même orgueil :** me plaindre de l'orgueil d'Hippolyte.
3. **Ma juste défiance :** ma méfiance justifiée.
4. **Présageait les raisons :** se doutait des raisons.
5. **Bornant ses travaux éclatants :** mettant un terme à ses illustres exploits.
6. **La Parque homicide :** Atropos, l'une des trois divinités maîtresses du sort des hommes, est chargée de couper le fil tenu et mis au fuseau par les deux autres, c'est-à-dire de mesurer et d'interrompre la vie de tout mortel.
7. **Alcide :** Hercule, fils d'Alcée.

Je crois que votre haine, épargnant ses vertus,
Écoute sans regret[1] ces noms qui lui sont dus.
Un espoir adoucit ma tristesse mortelle :
Je puis vous affranchir d'une austère[2] tutelle ;
Je révoque des lois dont j'ai plaint[3] la rigueur.   475
Vous pouvez disposer de vous, de votre cœur ;
Et dans cette Trézène, aujourd'hui mon partage[4],
De mon aïeul Pitthée autrefois l'héritage,
Qui[5] m'a, sans balancer[6], reconnu pour son roi,
Je vous laisse aussi libre, et plus libre que moi.   480

ARICIE

Modérez des bontés dont l'excès m'embarrasse.
D'un soin si généreux honorer ma disgrâce,
Seigneur, c'est me ranger, plus que vous ne pensez,
Sous ces austères lois dont vous me dispensez.

HIPPOLYTE

Du choix d'un successeur Athènes, incertaine,   485
Parle de vous, me nomme, et le fils de la reine[7].

ARICIE

De moi, seigneur ?

HIPPOLYTE

        Je sais, sans vouloir me flatter,
Qu'une superbe[8] loi semble me rejeter :
La Grèce me reproche une mère étrangère[9].
Mais, si pour concurrent je n'avais que mon frère[10],   490
Madame, j'ai sur lui de véritables droits

---

1. **Sans regret :** sans déplaisir.
2. **Austère :** rigoureuse.
3. **Plaint :** déploré.
4. **Aujourd'hui mon partage :** qui me revient aujourd'hui.
5. **Qui :** a pour antécédent *Trézène*.
6. **Sans balancer :** sans hésiter.
7. **Et le fils de la reine :** et nomme également le fils de Phèdre.
8. **Superbe :** vaine, présomptueuse.
9. **Une mère étrangère :** l'amazone Antiope.
10. **Mon frère :** c'est-à-dire son demi-frère, le fils de Phèdre et de Thésée.

Que je saurais sauver du caprice des lois.
Un frein plus légitime arrête mon audace :
Je vous cède, ou plutôt je vous rends une place,
495 Un sceptre que jadis vos aïeux ont reçu
De ce fameux mortel que la Terre a conçu[1].
L'adoption le mit entre les mains d'Égée[2].
Athènes, par mon père accrue[3] et protégée,
Reconnut avec joie un roi si généreux,
500 Et laissa dans l'oubli vos frères malheureux.
Athènes dans ses murs maintenant vous rappelle :
Assez elle a gémi d'une longue querelle ;
Assez dans ses sillons votre sang englouti
A fait fumer le champ dont il était sorti[4].
505 Trézène m'obéit. Les campagnes de Crète
Offrent au fils de Phèdre une riche retraite.
L'Attique est votre bien. Je pars, et vais, pour vous,
Réunir tous les vœux partagés entre nous.

ARICIE

De tout ce que j'entends étonnée et confuse,
510 Je crains presque, je crains qu'un songe ne m'abuse.
Veillé-je ?[5] Puis-je croire un semblable dessein ?
Quel dieu, seigneur, quel dieu l'a mis dans votre sein !
Qu'à bon droit[6] votre gloire en tous lieux est semée !
Et que la vérité passe la renommée[7] !
515 Vous-même, en ma faveur, vous voulez vous trahir[8] !
N'était-ce pas assez de ne me point haïr ?

---

1. **Ce fameux mortel que la Terre a conçu** : Érechthée, fils de Gaïa, fondateur d'Athènes et ancêtre d'Aricie.
2. **L'adoption le mit entre les mains d'Égée** : l'adoption d'Égée par un descendant d'Érechthée mit le sceptre d'Athènes entre les mains d'Égée, père de Thésée et grand-père d'Hippolyte.
3. **Accrue** : agrandie, développée.
4. **Le champ dont il était sorti** : la famille d'Aricie a la Terre pour ancêtre.
5. **Veillé-je ?** : suis-je bien réveillée ?
6. **À bon droit** : à juste titre.
7. **Passe la renommée** : dépasse votre réputation.
8. **Vous trahir** : trahir vos intérêts.

Et d'avoir si longtemps pu défendre votre âme
De cette inimitié...

HIPPOLYTE

Moi, vous haïr, madame !
Avec quelques couleurs qu'on ait peint ma fierté[1],
Croit-on que dans ses flancs un monstre m'ait porté ?   520
Quelles sauvages mœurs, quelle haine endurcie
Pourrait[2], en vous voyant, n'être point adoucie ?
Ai-je pu résister au charme décevant[3]...

ARICIE

Quoi, seigneur !

HIPPOLYTE

Je me suis engagé trop avant[4].
Je vois que la raison cède à la violence[5] :   525
Puisque j'ai commencé de rompre le silence,
Madame, il faut poursuivre ; il faut vous informer
D'un secret que mon cœur ne peut plus renfermer.
Vous voyez devant vous un prince déplorable[6],
D'un téméraire orgueil exemple mémorable.   530
Moi qui, contre l'amour fièrement révolté,
Aux fers de ses captifs ai longtemps insulté[7] ;
Qui, des faibles mortels déplorant les naufrages,
Pensais toujours du bord contempler les orages ;
Asservi maintenant sous la commune loi,   535
Par quel trouble me vois-je emporté loin de moi ?
Un moment a vaincu mon audace imprudente,

---

1. **Avec quelques couleurs qu'on ait peint ma fierté :** quoi qu'on ait dit sur ma nature farouche et sauvage.
2. **Pourrait :** pourraient.
3. **Décevant :** trompeur.
4. **Je me suis engagé trop avant :** j'en ai trop dit.
5. **La violence :** la violence de la passion.
6. **Déplorable :** digne de pitié.
7. **Moi qui [...] aux fers de ses captifs ai longtemps insulté :** moi qui ai longtemps manifesté un insultant mépris à l'égard de tous ceux que l'amour tenait dans ses fers.

Cette âme si superbe[1] est enfin dépendante.
Depuis près de six mois, honteux, désespéré,
540 Portant partout le trait[2] dont je suis déchiré,
Contre vous, contre moi, vainement je m'éprouve[3] :
Présente, je vous fuis ; absente, je vous trouve[4] ;
Dans le fond des forêts votre image me suit ;
La lumière du jour, les ombres de la nuit,
545 Tout retrace à mes yeux les charmes que j'évite ;
Tout vous livre à l'envi le rebelle Hippolyte.
Moi-même, pour tout fruit de mes soins superflus[5],
Maintenant je me cherche, et ne me trouve plus ;
Mon arc, mes javelots, mon char, tout m'importune ;
550 Je ne me souviens plus des leçons de Neptune[6] :
Mes seuls gémissements font retentir les bois,
Et mes coursiers[7] oisifs ont oublié ma voix.
Peut-être le récit d'un amour si sauvage
Vous fait, en m'écoutant rougir, de votre ouvrage.
555 D'un cœur qui s'offre à vous quel farouche[8] entretien !
Quel étrange captif pour un si beau lien !
Mais l'offrande à vos yeux en doit être plus chère :
Songez que je vous parle une langue étrangère[9],
Et ne rejetez pas des vœux mal exprimés,
560 Qu'Hippolyte sans vous n'aurait jamais formés.

---

1. **Cette âme si superbe :** cette âme si farouche qui est la mienne.
2. **Le trait :** la blessure causée par la flèche (le trait) de Cupidon.
3. **Je m'éprouve :** je me mets à l'épreuve.
4. **Présente, je vous fuis ; absente, je vous trouve :** quand vous êtes présente, je vous fuis ; quand vous êtes absente, je vous trouve.
5. **Soins superflus :** vains efforts.
6. **Des leçons de Neptune :** Neptune, dieu de la Mer, avait appris aux hommes l'art de dresser les chevaux.
7. **Coursiers :** chevaux rapides réservés aux messagers ou aux chasseurs.
8. **Farouche :** d'une sauvage rudesse.
9. **Étrangère :** qui m'était jusqu'alors inconnue.

Clefs d'analyse

Acte II, scène 2

Compréhension

▌ *Une émotion retenue*

- Observer sur quel terrain se place Hippolyte au début de son entrevue avec Aricie.
- Relever les termes ambigus par lesquels il fait allusion à l'amour qui pourrait les réunir.

▌ *Aricie*

- Examiner au moyen de quel terme Aricie s'adresse systématiquement à Hippolyte.
- Noter les manifestations de sa surprise.

Réflexion

▌ *Surprise ou manipulation ?*

- Au vu des informations délivrées par la scène précédente, discuter les manifestations de la surprise d'Aricie.
- Observer comment celle-ci amène Hippolyte à se déclarer.

▌ *L'amour, langue étrangère ?*

- Interpréter les raisons pour lesquelles Hippolyte semble tenir à faire l'éloge de Thésée devant Aricie.
- Discuter l'incompétence rhétorique dont il se réclame après avoir parlé d'amour.

À retenir :

L'émotion suscitée par le ton élégiaque de la tirade d'Hippolyte ne doit pas occulter l'ambivalence des personnages dans cette scène : la surprise d'Aricie ne va pas sans une certaine part de manipulation et la maîtrise des codes galants manifestée par Hippolyte contredit ses protestations d'incompétence en la matière. Enfin, la dualité des deux amants est encore renforcée par le renversement de position consenti par Hippolyte, maître d'une Aricie dont il se fait l'esclave, conformément aux codes de la préciosité.

Scène 3 HIPPOLYTE, ARICIE, THÉRAMÈNE, ISMÈNE

THÉRAMÈNE

Seigneur, la reine vient, et je l'ai devancée :
Elle vous cherche.

HIPPOLYTE

Moi ?

THÉRAMÈNE

J'ignore sa pensée.
Mais on vous est venu demander de sa part.
565 Phèdre veut vous parler avant votre départ.

HIPPOLYTE

Phèdre ! Que lui dirai-je ? Et que peut-elle attendre...

ARICIE

Seigneur, vous ne pouvez refuser de l'entendre :
Quoique trop convaincu de son inimitié,
Vous devez à ses pleurs quelque ombre de pitié.

HIPPOLYTE

Cependant[1] vous sortez. Et je pars ; et j'ignore
570 Si je n'offense point les charmes que j'adore !
J'ignore si ce cœur que je laisse en vos mains...

ARICIE

Partez, prince, et suivez vos généreux desseins :
Rendez de mon pouvoir Athènes tributaire[2].
J'accepte tous les dons que vous voulez me faire.
575 Mais cet empire enfin si grand, si glorieux,
N'est pas de vos présents le plus cher à mes yeux.

---

1. **Cependant :** pendant ce temps.
2. **Tributaire :** dépendante.

Scène 4 Hippolyte, Théramène

HIPPOLYTE

Ami, tout est-il prêt ? Mais la reine s'avance.
Va, que pour le départ tout s'arme en diligence[1].
Fais donner le signal, cours, ordonne et revien[2]
Me délivrer bientôt d'un fâcheux[3] entretien.   580

Scène 5 Phèdre, Hippolyte, Œnone

PHÈDRE, *à Œnone.*

Le voici : vers mon cœur tout mon sang se retire.
J'oublie, en le voyant, ce que je viens lui dire.

ŒNONE

Souvenez-vous d'un fils qui n'espère qu'en vous.

PHÈDRE

On dit qu'un prompt départ vous éloigne de nous,
Seigneur. À vos douleurs je viens joindre mes larmes ;   585
Je vous viens pour un fils expliquer mes alarmes[4].
Mon fils n'a plus de père ; et le jour n'est pas loin
Qui de ma mort encor[5] doit le rendre témoin.
Déjà mille ennemis attaquent son enfance :
Vous seul pouvez contre eux embrasser sa défense.   590
Mais un secret remords agite mes esprits :

---

1. **Tout s'arme en diligence** : tout se prépare rapidement.
2. **Revien** : reviens. Cette licence poétique permet d'avoir une rime pour
   l'œil avec *entretien.*
3. **Fâcheux** : importun, ennuyeux.
4. **Je vous viens pour un fils expliquer mes alarmes** : je viens vous
   faire part de mes inquiétudes concernant mon fils.
5. **Encor** : encore, de surcroît.

Je crains d'avoir fermé votre oreille à ses cris.
Je tremble que sur lui votre juste[1] colère
Ne poursuive bientôt une odieuse mère.

HIPPOLYTE

595   Madame, je n'ai point des sentiments si bas.

PHÈDRE

Quand vous me haïriez, je ne m'en plaindrais pas,
Seigneur : vous m'avez vue attachée[2] à vous nuire ;
Dans le fond de mon cœur vous ne pouviez pas lire.
À votre inimitié j'ai pris soin de m'offrir[3] :
600   Aux bords que j'habitais[4] je n'ai pu vous souffrir[5] ;
En public, en secret, contre vous déclarée,
J'ai voulu par des mers en être séparée[6] ;
J'ai même défendu, par une expresse loi,
Qu'on osât prononcer votre nom devant moi.
605   Si pourtant à l'offense on mesure la peine[7],
Si la haine peut seule attirer votre haine,
Jamais femme ne fut plus digne de pitié,
Et moins digne, seigneur, de votre inimitié[8].

HIPPOLYTE

Des droits de ses enfants une mère jalouse[9]
610   Pardonne rarement au fils d'une autre épouse ;
Madame, je le sais ; les soupçons importuns
Sont d'un second hymen les fruits les plus communs.
Toute autre aurait pour moi pris les mêmes ombrages[10],
Et j'en aurais peut-être essuyé plus d'outrages.

---

1. **Juste :** justifiée.
2. **Attachée :** acharnée.
3. **M'offrir :** m'exposer.
4. **Aux bords que j'habitais :** sur les rivages où je vivais.
5. **Je n'ai pu vous souffrir :** je n'ai pu supporter votre présence.
6. **En être séparée :** être séparée de vous.
7. **La peine :** la punition.
8. **Inimitié :** hostilité.
9. **Des droits de ses enfants une mère jalouse :** une mère farouchement attachée au respect des droits de ses enfants.
10. **Tout autre aurait pour moi pris les mêmes ombrages :** vous vous êtes méfiée de moi comme tout le monde l'aurait fait.

PHÈDRE

Ah ! seigneur ! que le ciel, j'ose ici l'attester,   615
De cette loi commune a voulu m'excepter !
Qu'un soin[1] bien différent me trouble et me dévore !

HIPPOLYTE

Madame, il n'est pas temps de vous troubler encore :
Peut-être votre époux voit encore le jour ;
Le ciel peut à nos pleurs accorder son retour.   620
Neptune le protège, et ce dieu tutélaire[2]
Ne sera pas en vain imploré par mon père.

PHÈDRE

On ne voit point deux fois le rivage des morts,
Seigneur ; puisque Thésée a vu les sombres bords[3],
En vain vous espérez qu'un dieu vous le renvoie ;   625
Et l'avare Achéron[4] ne lâche point sa proie.
Que dis-je ? Il n'est point mort, puisqu'il respire en vous.
Toujours devant mes yeux je crois voir mon époux :
Je le vois, je lui parle ; et mon cœur... je m'égare,
Seigneur ; ma folle ardeur malgré moi se déclare.   630

HIPPOLYTE

Je vois de votre amour l'effet prodigieux :
Tout mort qu'il est, Thésée est présent à vos yeux ;
Toujours de son amour votre âme est embrasée.

PHÈDRE

Oui, prince, je languis[5], je brûle pour Thésée :
Je l'aime, non point tel que l'ont vu les enfers,   635
Volage adorateur de mille objets[6] divers,
Qui va du dieu des Morts déshonorer la couche[7] ;

---

1. **Qu'un soin :** qu'un tourment.
2. **Ce dieu tutélaire :** ce dieu protecteur, en l'occurrence, Neptune.
3. **Bords :** rivages.
4. **Achéron :** fleuve des Enfers.
5. **Je languis :** je dépéris.
6. **Objets :** amantes.
7. **Qui va du dieu des Morts déshonorer la couche :** Thésée avait entrepris de séduire et d'enlever Proserpine, l'épouse de Pluton, dieu des Morts.

Mais fidèle, mais fier, et même un peu farouche,
Charmant, jeune, traînant tous les cœurs après soi[1],
640 Tel qu'on dépeint nos dieux, ou tel que je vous voi[2].
Il avait votre port, vos yeux, votre langage ;
Cette noble pudeur colorait son visage,
Lorsque de notre Crète il traversa les flots,
Digne sujet des vœux des filles de Minos[3].
645 Que faisiez-vous alors ? Pourquoi, sans Hippolyte,
Des héros de la Grèce assembla-t-il l'élite ?
Pourquoi, trop jeune encor, ne pûtes-vous alors
Entrer dans le vaisseau qui le mit sur nos bords[4] ?
Par vous aurait péri le monstre de la Crète[5],
650 Malgré tous les détours de sa vaste retraite[6].
Pour en développer l'embarras incertain[7],
Ma sœur du fil fatal eût armé votre main[8].
Mais non : dans ce dessein, je l'aurais devancée ;
L'amour m'en eût d'abord[9] inspiré la pensée.
655 C'est moi, prince, c'est moi, dont l'utile secours
Vous eût du Labyrinthe enseigné les détours :
Que de soins m'eût coûtés cette tête charmante[10] !
Un fil n'eût point assez rassuré votre amante :
Compagne du péril qu'il vous fallait chercher,
660 Moi-même devant vous j'aurais voulu marcher ;
Et Phèdre au Labyrinthe avec vous descendue
Se serait avec vous retrouvée ou perdue.

---

1. **Après soi :** après lui.
2. **Voi :** vois. Cette licence poétique permet d'avoir une rime pour l'œil avec *soi*.
3. **Des filles de Minos :** Ariane et Phèdre.
4. **Nos bords :** nos rivages.
5. **Le monstre de la Crète :** le Minotaure.
6. **Sa vaste retraite :** le labyrinthe où Minos avait enfermé le Minotaure.
7. **Pour en développer l'embarras incertain :** pour en débrouiller l'inextricable confusion.
8. **Ma sœur [...] votre main :** allusion au fil dont Ariane avait muni Thésée pour l'aider à sortir du labyrinthe.
9. **D'abord :** à moi la première, et non pas à ma sœur Ariane.
10. **Cette tête charmante :** cette ensorcelante personne.

HIPPOLYTE

Dieux ! qu'est-ce que j'entends ? Madame, oubliez-vous
Que Thésée est mon père, et qu'il est votre époux ?

PHÈDRE

Et sur quoi jugez-vous que j'en perds la mémoire,   665
Prince ? Aurais-je perdu tout le soin de ma gloire[1] ?

HIPPOLYTE

Madame, pardonnez ; j'avoue, en rougissant,
Que j'accusais à tort un discours innocent.
Ma honte ne peut plus soutenir votre vue ;
Et je vais...   670

PHÈDRE

        Ah ! cruel ! tu m'as trop entendue[2] !
Je t'en ai dit assez pour te tirer d'erreur.
Eh bien ! connais donc Phèdre et toute sa fureur :
J'aime. Ne pense pas qu'au moment que je t'aime,
Innocente à mes yeux, je m'approuve moi-même,
Ni que du fol amour qui trouble ma raison,   675
Ma lâche complaisance ait nourri le poison ;
Objet infortuné des vengeances célestes[3],
Je m'abhorre encor plus[4] que tu ne me détestes.
Les dieux m'en sont témoins, ces dieux qui dans mon flanc
Ont allumé le feu fatal à tout mon sang[5] ;   680
Ces dieux qui se sont fait une gloire cruelle
De séduire[6] le cœur d'une faible mortelle.
Toi-même en ton esprit rappelle le passé :
C'est peu de t'avoir fui, cruel, je t'ai chassé ;
J'ai voulu te paraître odieuse, inhumaine ;   685
Pour mieux te résister, j'ai recherché ta haine.

---

1. **Tout le soin de ma gloire :** tout souci de ma réputation.
2. **Tu m'as trop entendue :** je t'en ai trop dit et tu m'as trop bien comprise.
3. **Des vengeances célestes :** celles de Vénus contre la descendance du Soleil et contre Hippolyte, qui lui préfère Diane.
4. **Je m'abhorre encor plus :** je me hais plus encore.
5. **À tout mon sang :** à toute ma famille.
6. **Séduire :** détourner du droit chemin.

De quoi m'ont profité[1] mes inutiles soins ?
Tu me haïssais plus, je ne t'aimais pas moins ;
Tes malheurs te prêtaient encor de nouveaux charmes.
690 J'ai langui[2], j'ai séché dans les feux, dans les larmes :
Il suffit de tes yeux pour t'en persuader,
Si tes yeux un moment pouvaient me regarder.
Que dis-je ? Cet aveu que je te viens de faire[3],
Cet aveu si honteux, le crois-tu volontaire ?
695 Tremblante pour un fils que je n'osais trahir,
Je te venais prier[4] de ne le point haïr :
Faibles projets d'un cœur trop plein de ce qu'il aime[5] !
Hélas ! je ne t'ai pu parler que de toi-même !
Venge-toi, punis-moi d'un odieux amour :
700 Digne fils du héros qui t'a donné le jour,
Délivre l'univers d'un monstre qui t'irrite.
La veuve de Thésée ose aimer Hippolyte !
Crois-moi, ce monstre affreux ne doit point t'échapper ;
Voilà mon cœur : c'est là que ta main doit frapper.
705 Impatient déjà d'expier son offense,
Au-devant de ton bras je le sens[6] qui s'avance.
Frappe : ou si tu le crois indigne de tes coups,
Si ta haine m'envie[7] un supplice si doux,
Ou si[8] d'un sang trop vil ta main serait trempée,
710 Au défaut de ton bras[9] prête-moi ton épée ;
Donne.

ŒNONE

Que faites-vous, madame ! justes Dieux !
Mais on vient : évitez des témoins odieux.
Venez, rentrez, fuyez une honte certaine.

---

1. **De quoi m'ont profité :** quel profit ai-je tiré de.
2. **Langui :** dépéri.
3. **Que je te viens de faire :** que je viens de te faire.
4. **Je te venais prier :** je venais te prier.
5. **Ce qu'il aime :** la personne qu'il aime.
6. **Je le sens :** je sens mon cœur.
7. **M'envie :** me refuse.
8. **Ou si :** ou si tu estimes que.
9. **Au défaut de :** à défaut de.

Clefs d'analyse

Acte II, scène 5

Compréhension

Progression de l'échange

- Voir ce qui détourne peu à peu Phèdre de la défense des intérêts de son fils.
- Identifier ce qui provoque finalement son aveu.

Discours obliques et dérobades

- Voir comment Phèdre tente de déguiser son aveu.
- Analyser les stratégies mises en œuvre par Hippolyte pour empêcher Phèdre de se déclarer.

Réflexion

La force des passions

- Commenter l'importance du fantasme et du transfert dans l'amour de Phèdre pour Hippolyte.
- Étudier la manière dont la violence de la tirade finale en vient progressivement à se retourner contre Phèdre.

Des silences éloquents ?

- Interpréter le silence d'Hippolyte à la suite de l'aveu de Phèdre.
- Commenter l'importance revêtue par la présence quasi muette d'Œnone tout au long de cette scène.

À retenir :

La passion de Phèdre trouve dans cette scène ses manifestations les plus spectaculaires, depuis la sensualité de la rêverie héroïque jusqu'au délire masochiste. Se sachant à la fois coupable et innocente, Phèdre est pour elle-même cet objet de terreur et de pitié que devait être, selon Aristote, tout personnage tragique pour le spectateur.

Scène 6 HIPPOLYTE, THÉRAMÈNE

THÉRAMÈNE

Est-ce Phèdre qui fuit ou plutôt qu'on entraîne ?
715 Pourquoi, seigneur, pourquoi ces marques de douleur ?
Je vous vois sans épée, interdit[1], sans couleur !

HIPPOLYTE

Théramène, fuyons. Ma surprise est extrême.
Je ne puis sans horreur me regarder moi-même.
Phèdre... Mais non, grands dieux ! qu'en un profond oubli
720 Cet horrible secret demeure enseveli !

THÉRAMÈNE

Si vous voulez partir, la voile est préparée.
Mais Athènes, seigneur, s'est déjà déclarée ;
Ses chefs ont pris les voix de toutes ses tribus[2] :
Votre frère[3] l'emporte, et Phèdre a le dessus.

HIPPOLYTE

725 Phèdre ?

THÉRAMÈNE

Un héraut[4] chargé des volontés d'Athènes
De l'État en ses mains vient remettre les rênes.
Son fils est roi, seigneur.

HIPPOLYTE

Dieux, qui la connaissez,
Est-ce donc sa vertu que vous récompensez ?

THÉRAMÈNE

Cependant un bruit sourd veut que le roi respire[5] :
730 On prétend que Thésée a paru dans l'Épire.
Mais moi, qui l'y cherchai, seigneur, je sais trop bien...

---

1. **Interdit :** stupéfait.
2. **Toutes ses tribus :** Athènes comptait dix tribus.
3. **Votre frère :** votre demi-frère, le fils de Phèdre et de Thésée.
4. **Héraut :** officier chargé de remettre des messages importants.
5. **Respire :** soit encore en vie.

HIPPOLYTE

N'importe ; écoutons tout, et ne négligeons rien.
Examinons ce bruit, remontons à sa source :
S'il ne mérite pas d'interrompre ma course,
Partons ; et, quelque prix qu'il en puisse coûter,   735
Mettons le sceptre aux mains[1] dignes de le porter.

Gravure de Simonet pour *Phèdre*, acte II, scène 5, édition de 1788.

---

1. **Mettons le sceptre aux mains :** remettons le sceptre dans des mains.

Synthèse Acte II

L'acte des déclarations

Personnages

La levée des interdits

Aricie fait son apparition au début de l'acte II. Son amour pour Hippolyte n'est pas exempt d'une certaine forme d'orgueil : fléchir les sentiments du bel indifférent interdit par Thésée est un challenge à sa mesure.

Hippolyte s'émancipe de la tutelle paternelle et déclare son amour à Aricie ; il lui offre Athènes et son cœur.

Phèdre s'abandonne à la « fureur » (v. 672) que lui inspire sa passion et se déclare violemment à Hippolyte, qu'elle laisse « interdit, sans couleur » (v. 716) : la voilà désormais compromise aux yeux du fils de Thésée.

Langage

Le style précieux

La façon dont s'expriment Hippolyte et Aricie manifeste une parfaite maîtrise des codes précieux. La préciosité est un mouvement social et littéraire né au début du XVIIe siècle et mettant l'accent sur le raffinement de la langue et des relations humaines. Notamment destiné à canaliser les manifestations de la passion amoureuse, le langage précieux se caractérise par son souci de bienséance, par son abstraction, par son fréquent recours à la substantivation des verbes et des adjectifs, et par la place qu'il accorde aux métaphores, empruntées notamment aux domaines de la guerre, du pouvoir, de la captivité, de la blessure ou de la maladie.

Synthèse Acte II

Société

Le temps des romans

La « tragédie romanesque et héroïque » formée par les amours d'Hippolyte et Aricie (A. Bailly, *Racine*, Fayard, 1948) témoigne de l'attachement racinien à flatter les goûts d'un public alors féru de romans. De fait, bien que méprisée par les doctes, la production romanesque n'en connaît pas moins une expansion quasi continuelle tout au long du XVIIe siècle. Le phénomène est à mettre en relation avec le relatif embourgeoisement de la société française observé dès les années 1620, comme avec l'évolution des politiques éditoriales, privilégiant depuis peu les ouvrages de petit format, plus maniables et moins coûteux pour le lecteur. Au croisement de la littérature courtoise, du néo-platonisme et de la préciosité, les romans les plus lus par les contemporains de Racine (*L'Astrée* d'Honoré d'Urfé, 1607 ; *Artamène ou le Grand Cyrus* de Madeleine de Scudéry, 1649...) accordaient une part centrale aux obstacles surmontés par de tendres amants pour vivre pleinement leur amour.

ACTE III
Scène 1 PHÈDRE, ŒNONE

PHÈDRE

Ah ! que l'on porte ailleurs les honneurs qu'on m'envoie :
Importune, peux-tu souhaiter qu'on me voie ?
De quoi viens-tu flatter[1] mon esprit désolé ?
740 Cache-moi bien plutôt : je n'ai que trop parlé.
Mes fureurs au-dehors ont osé se répandre :
J'ai dit ce que jamais on ne devait[2] entendre.
Ciel ! comme il m'écoutait ! Par combien de détours
L'insensible a longtemps éludé[3] mes discours !
745 Comme il ne respirait qu'une retraite prompte[4] !
Et combien sa rougeur a redoublé ma honte !
Pourquoi détournais-tu mon funeste dessein[5] ?
Hélas ! quand son épée allait chercher mon sein,
A-t-il pâli pour moi ? me l'a-t-il arrachée ?
750 Il suffit que ma main l'ait une fois touchée,
Je l'ai rendue horrible à ses yeux inhumains ;
Et ce fer malheureux profanerait ses mains.

ŒNONE

Ainsi, dans vos malheurs, ne songeant qu'à vous plaindre,
Vous nourrissez un feu qu'il vous faudrait éteindre.
755 Ne vaudrait-il pas mieux, digne sang[6] de Minos,
Dans de plus nobles soins chercher votre repos ;
Contre un ingrat qui plaît recourir à la fuite,
Régner, et de l'État embrasser la conduite[7] ?

---

1. **Flatter :** tromper, divertir.
2. **On ne devait :** on n'aurait dû.
3. **Éludé :** évité.
4. **Il ne respirait qu'une retraite prompte :** il n'aspirait qu'à partir au plus vite.
5. **Mon funeste dessein :** mon projet de suicide.
6. **Digne sang :** digne descendante.
7. **De l'État embrasser la conduite :** vous consacrer à diriger l'État.

PHÈDRE

Moi, régner ! Moi, ranger un État sous ma loi,
Quand ma faible raison ne règne plus sur moi !   760
Lorsque j'ai de mes sens abandonné l'empire !
Quand sous un joug honteux à peine[1] je respire !
Quand je me meurs !

ŒNONE

Fuyez.

PHÈDRE

Je ne le puis quitter.

ŒNONE

Vous l'osâtes bannir, vous n'osez l'éviter ?

PHÈDRE

Il n'est plus temps : il sait mes ardeurs insensées.   765
De l'austère pudeur les bornes sont passées :
J'ai déclaré ma honte aux yeux de mon vainqueur,
Et l'espoir malgré moi s'est glissé dans mon cœur.
Toi-même, rappelant[2] ma force défaillante,
Et mon âme déjà sur mes lèvres errante,   770
Par tes conseils flatteurs tu m'as su ranimer :
Tu m'as fait entrevoir que je pouvais l'aimer.

ŒNONE

Hélas ! de vos malheurs innocente ou coupable[3],
De quoi pour vous sauver n'étais-je point capable ?
Mais si jamais l'offense irrita vos esprits[4],   775
Pouvez-vous d'un superbe[5] oublier les mépris ?
Avec quels yeux cruels sa rigueur obstinée
Vous laissait à ses pieds peu s'en faut prosternée !

---

1. **À peine :** avec peine.
2. **Rappelant :** ranimant.
3. **De vos malheurs innocente ou coupable :** que vous soyez innocente ou coupable de vos malheurs.
4. **Si jamais l'offense irrita vos esprits :** s'il vous est arrivé d'être blessée
par une offense.
5. **Superbe :** orgueilleux.

Que son farouche orgueil le rendait odieux !
780 Que[1] Phèdre en ce moment n'avait-elle mes yeux ?

PHÈDRE

Œnone, il peut quitter[2] cet orgueil qui te blesse ;
Nourri[3] dans les forêts, il en a la rudesse.
Hippolyte, endurci par de sauvages lois[4],
Entend parler d'amour pour la première fois :
785 Peut-être sa surprise a causé son silence ;
Et nos plaintes peut-être ont trop de violence.

ŒNONE

Songez qu'une Barbare[5] en son sein l'a formé.

PHÈDRE

Quoique Scythe[6] et Barbare, elle a pourtant aimé.

ŒNONE

Il a pour tout le sexe[7] une haine fatale.

PHÈDRE

790 Je ne me verrai point préférer de rivale.
Enfin, tous tes conseils ne sont plus de saison !
Sers ma fureur[8], Œnone, et non point ma raison.
Il[9] oppose à l'amour un cœur inaccessible ;
Cherchons pour l'attaquer quelque endroit plus sensible :
795 Les charmes d'un empire ont paru le toucher !
Athènes l'attirait, il n'a su s'en cacher ;
Déjà de ses vaisseaux la pointe était tournée,
Et la voile flottait aux vents abandonnée.
Va trouver de ma part ce jeune ambitieux,
800 Œnone ; fais briller la couronne à ses yeux :

---

1. **Que :** pourquoi.
2. **Il peut quitter :** il est possible qu'il quitte.
3. **Nourri :** élevé.
4. **Lois :** règles de vie.
5. **Une Barbare :** Antiope est une Amazone.
6. **Scythe :** les Amazones vivaient en Scythie.
7. **Le sexe :** le sexe féminin.
8. **Ma fureur :** mon amour.
9. **Il :** Hippolyte.

Qu'il mette sur son front le sacré diadème[1] ;
Je ne veux que l'honneur de l'attacher moi-même.
Cédons-lui ce pouvoir que je ne puis garder.
Il instruira mon fils dans l'art de commander ;
Peut-être il voudra bien lui tenir lieu de père :   805
Je mets sous son pouvoir et le fils et la mère.
Pour le fléchir enfin tente tous les moyens :
Tes discours trouveront plus d'accès que les miens ;
Presse, pleure, gémis ; peins-lui Phèdre mourante,
Ne rougis point de prendre une voix suppliante.   810
Je t'avouerai de tout[2] ; je n'espère qu'en toi.
Va : j'attends ton retour pour disposer de moi.

Scène 2   PHÈDRE, *seule*

Ô toi, qui vois la honte où je suis descendue,
Implacable Vénus, suis-je assez confondue[3] !
Tu ne saurais plus loin pousser ta cruauté.   815
Ton triomphe est parfait ; tous tes traits[4] ont porté.
Cruelle, si tu veux une gloire nouvelle,
Attaque un ennemi qui te soit plus rebelle.
Hippolyte te fuit ; et, bravant ton courroux,
Jamais à tes autels n'a fléchi ses genoux[5] ;   820
Ton nom semble offenser ses superbes[6] oreilles :
Déesse, venge-toi ; nos causes sont pareilles.
Qu'il aime… Mais déjà tu reviens sur tes pas,
Œnone ! On me déteste ; on ne t'écoute pas ?

---

1. **Le sacré diadème :** le diadème sacré.
2. **Je t'avouerai de tout :** tu auras mon soutien en tout.
3. **Confondue :** humiliée.
4. **Tes traits :** tes coups.
5. **Jamais […] genoux :** Vénus est la déesse de l'Amour et Hippolyte,
   selon Phèdre, n'a jamais été amoureux.
6. **Superbes :** orgueilleuses.

Scène 3 PHÈDRE, ŒNONE

ŒNONE

825 Il faut d'un vain[1] amour étouffer la pensée,
Madame ; rappelez votre vertu passée :
Le roi, qu'on a cru mort, va paraître[2] à vos yeux ;
Thésée est arrivé, Thésée est en ces lieux.
Le peuple pour le voir court et se précipite.
830 Je sortais par votre ordre, et cherchais Hippolyte,
Lorsque jusques au ciel mille cris élancés...

PHÈDRE

Mon époux est vivant, Œnone : c'est assez.
J'ai fait l'indigne aveu d'un amour qui l'outrage ;
Il vit : je ne veux pas en savoir davantage.

ŒNONE

835 Quoi ?

PHÈDRE

Je te l'ai prédit, mais tu n'as pas voulu :
Sur mes justes remords tes pleurs ont prévalu.
Je mourais[3] ce matin digne d'être pleurée ;
J'ai suivi tes conseils, je meurs déshonorée.

ŒNONE

Vous mourez ?

PHÈDRE

Juste ciel ! qu'ai-je fait aujourd'hui !
840 Mon époux va paraître, et son fils avec lui !
Je verrai le témoin de ma flamme[4] adultère
Observer de quel front j'ose aborder son père,

---

1. **Vain** : impossible.
2. **Paraître** : apparaître.
3. **Je mourais** : je serais morte.
4. **Ma flamme** : ma passion.

Le cœur gros de soupirs[1] qu'il n'a point écoutés,
L'œil humide de pleurs par l'ingrat rebutés[2] !
Penses-tu que, sensible à l'honneur de Thésée,   845
Il lui cache l'ardeur dont je suis embrasée ?
Laissera-t-il trahir et son père et son roi ?
Pourra-t-il contenir l'horreur qu'il a pour moi ?
Il se tairait en vain : je sais mes perfidies[3],
Œnone, et ne suis point de ces femmes hardies   850
Qui, goûtant dans le crime une tranquille paix,
Ont su se faire un front qui ne rougit jamais.
Je connais mes fureurs, je les rappelle toutes[4] :
Il me semble déjà que ces murs, que ces voûtes
Vont prendre la parole, et, prêts à m'accuser,   855
Attendent mon époux pour le désabuser.
Mourons : de tant d'horreurs qu'un trépas me délivre.
Est-ce un malheur si grand que de cesser de vivre ?[5]
La mort aux malheureux ne cause point d'effroi :
Je ne crains que le nom[6] que je laisse après moi.   860
Pour mes tristes enfants[7] quel affreux héritage !
Le sang de Jupiter[8] doit enfler leur courage ;
Mais, quelque juste orgueil qu'inspire un sang si beau,
Le crime d'une mère est un pesant fardeau.
Je tremble qu'un discours, hélas ! trop véritable,   865
Un jour ne leur reproche une mère coupable.
Je tremble qu'opprimés de ce poids odieux
L'un ni l'autre jamais n'ose lever les yeux.

---

1. **De soupirs :** de soupirs d'amour
2. **Rebutés :** méprisés.
3. **Je sais mes perfidies :** je connais mes trahisons.
4. **Je les rappelle toutes :** je me les rappelle toutes.
5. **Est-ce un malheur si grand que de cesser de vivre ? :** cesser de vivre est-il un si grand malheur ?
6. **Le nom :** la réputation.
7. **Mes tristes enfants :** mes pauvres enfants.
8. **Le sang de Jupiter :** Phèdre et ses enfants ont pour ancêtre Jupiter.

ŒNONE

Il n'en faut point douter, je les plains l'un et l'autre ;
870 Jamais crainte ne fut plus juste que la vôtre.
Mais à de tels affronts pourquoi les exposer ?
Pourquoi contre vous-même allez-vous déposer[1] ?
C'en est fait : on dira que Phèdre, trop coupable,
De son époux trahi fuit l'aspect redoutable.
875 Hippolyte est heureux qu'aux dépens de vos jours
Vous-même en expirant appuyez[2] ses discours.
À votre accusateur que pourrai-je répondre ?
Je serai devant lui trop facile à confondre[3] :
De son triomphe affreux je le verrai jouir,
880 Et conter votre honte à qui voudra l'ouïr[4].
Ah ! que plutôt du ciel la flamme me dévore !
Mais, ne me trompez point, vous est-il cher encore ?
De quel œil voyez-vous ce prince audacieux ?

PHÈDRE

Je le vois comme un monstre effroyable à mes yeux.

ŒNONE

885 Pourquoi donc lui céder une victoire entière ?
Vous le craignez : osez l'accuser la première
Du crime dont il peut vous charger aujourd'hui.
Qui[5] vous démentira ? Tout parle contre lui :
Son épée en vos mains heureusement[6] laissée,
890 Votre trouble présent, votre douleur passée,
Son père par vos cris dès longtemps prévenu[7],
Et déjà son exil par vous-même obtenu.

---

1. **Déposer :** témoigner.
2. **Appuyez :** confortez, donnez crédit à.
3. **Confondre :** démasquer, vaincre, anéantir.
4. **Ouïr :** entendre.
5. **Qui :** Qu'est-ce qui.
6. **Heureusement :** par chance.
7. **Dès longtemps prévenu :** depuis longtemps mal disposé envers Hippolyte.

PHÈDRE

Moi, que j'ose opprimer et noircir l'innocence !

ŒNONE

Mon zèle[1] n'a besoin que de votre silence.
Tremblante comme vous, j'en sens quelques remords[2].   895
Vous me verriez plus prompte affronter mille morts.
Mais, puisque je vous perds sans ce triste[3] remède,
Votre vie est pour moi d'un prix à qui tout cède :
Je parlerai. Thésée, aigri par mes avis[4],
Bornera sa vengeance à l'exil de son fils :   900
Un père, en punissant, madame, est toujours père,
Un supplice léger suffit à sa colère.
Mais, le sang innocent dût-il être versé[5],
Que ne demande point votre honneur menacé ?
C'est un trésor trop cher pour oser le commettre[6].   905
Quelque loi qu'il vous dicte, il faut vous y soumettre,
Madame ; et pour sauver votre honneur combattu[7],
Il faut immoler[8] tout, et même la vertu.
On vient ; je vois Thésée.

PHÈDRE

                    Ah ! je vois Hippolyte :
Dans ses yeux insolents, je vois ma perte écrite.   910
Fais ce que tu voudras, je m'abandonne à toi.
Dans le trouble où je suis, je ne peux rien pour moi.

---

1. **Zèle :** dévouement.
2. **J'en sens quelques remords :** j'éprouve quelques difficultés à l'idée d'accuser un innocent.
3. **Triste :** funeste.
4. **Aigri par mes avis :** irrité par ce que je lui apprendrai.
5. **Le sang innocent dût-il être versé :** même s'il fallait verser un sang innocent (en l'occurrence, celui d'Hippolyte).
6. **Pour oser le commettre :** pour risquer de le perdre.
7. **Combattu :** menacé.
8. **Immoler :** sacrifier.

Clefs d'analyse

Acte III, scène 3

Compréhension

Un coup de théâtre

- Analyser les conséquences du retour de Thésée sur l'action.
- Observer les sentiments et les projets exprimés par Œnone.

Vision et tragédie

- Relever dans le discours de Phèdre les mots appartenant au champ lexical de la vision.
- Noter comment le regard (anticipé, imaginé) devient pour Phèdre une torture.

Réflexion

Un moment crucial

- Étudier la place de cette scène dans l'ensemble de la pièce.
- Montrer comment s'exprime l'obsession de la mort qui habite Phèdre, et comment cette obsession annonce le dénouement.

Un renversement des rôles

- Montrer en quoi cette scène opère un renversement des rôles par rapport à la scène 1 de l'acte III.
- Étudier comment évolue et se complexifie ici le personnage d'Œnone.

À retenir :

Le retour de Thésée, cœur dramatique de l'acte et pivot de l'intrigue, est annoncé dans le vers central de la pièce (v. 827). Il constitue une péripétie qui vient bouleverser non seulement l'action, mais aussi les rapports entre les personnages : Œnone, à la fois dévouée et manipulatrice, parvient à persuader une Phèdre désespérée et démissionnaire de la laisser agir. Passion et raison, domination et soumission s'inversent – mais de telle sorte qu'il reviendra finalement à Œnone, simple servante, de se compromettre et de s'avilir à la place de Phèdre.

Scène 4 THÉSÉE, PHÈDRE, HIPPOLYTE, THÉRAMÈNE, ŒNONE

THÉSÉE

La fortune[1] à mes vœux[2] cesse d'être opposée,
Madame, et dans vos bras met…

PHÈDRE

Arrêtez, Thésée.
Et ne profanez point des transports[3] si charmants : 915
Je ne mérite plus ces doux empressements[4] ;
Vous êtes offensé. La fortune jalouse[5]
N'a pas en votre absence épargné votre épouse.
Indigne de vous plaire et de vous approcher,
Je ne dois désormais songer qu'à me cacher. 920

Scène 5 THÉSÉE, HIPPOLYTE, THÉRAMÈNE

THÉSÉE

Quel est l'étrange accueil qu'on fait à votre père,
Mon fils ?

HIPPOLYTE

Phèdre peut seule expliquer ce mystère.
Mais, si mes vœux ardents vous peuvent émouvoir,
Permettez-moi, seigneur, de ne la plus revoir ;
Souffrez[6] que pour jamais le tremblant Hippolyte 925
Disparaisse des lieux que votre épouse habite.

THÉSÉE

Vous, mon fils, me quitter ?

---

1. **La fortune :** le sort, le destin.
2. **À mes vœux :** à mes désirs amoureux.
3. **Transports :** manifestations amoureuses.
4. **Empressements :** marques d'affection.
5. **Jalouse :** jalouse de votre bonheur.
6. **Souffrez :** tolérez, acceptez.

HIPPOLYTE
Je ne la cherchais pas ;

C'est vous qui sur ces bords conduisîtes ses pas.
Vous daignâtes, seigneur, aux rives de Trézène
930   Confier en partant Aricie et la reine :
Je fus même chargé du soin[1] de les garder.
Mais quels soins désormais peuvent me retarder[2] ?
Assez dans les forêts mon oisive jeunesse
Sur de vils ennemis a montré son adresse :
935   Ne pourrai-je, en fuyant un indigne repos,
D'un sang plus glorieux[3] teindre mes javelots ?
Vous n'aviez pas encore atteint l'âge où je touche,
Déjà plus d'un tyran, plus d'un monstre farouche
Avait de votre bras senti la pesanteur ;
940   Déjà, de l'insolent heureux persécuteur,
Vous aviez des deux mers[4] assuré[5] les rivages ;
Le libre voyageur ne craignait plus d'outrages ;
Hercule, respirant sur le bruit de vos coups[6],
Déjà de son travail se reposait sur vous.
945   Et moi, fils inconnu d'un si glorieux père,
Je suis même encor loin des traces de ma mère !
Souffrez[7] que mon courage ose enfin s'occuper :
Souffrez, si quelque monstre a pu vous échapper,
Que j'apporte à vos pieds sa dépouille[8] honorable,
950   Ou que d'un beau trépas[9] la mémoire[10] durable,
Éternisant des jours si noblement finis,
Prouve à tout l'univers que j'étais votre fils.

---

1. **Soin :** occupation.
2. **Retarder :** retenir.
3. **Plus glorieux :** plus glorieux que celui des bêtes sauvages.
4. **Des deux mers :** la mer Ionienne et la mer Noire.
5. **Assuré :** pacifié.
6. **Respirant sur le bruit de vos coups :** reprenant haleine, ayant quelque répit à l'annonce de vos exploits.
7. **Souffrez :** acceptez, tolérez.
8. **Sa dépouille :** son cadavre.
9. **Un beau trépas :** une belle mort (en l'occurrence, celle d'Hippolyte).
10. **La mémoire :** le souvenir.

THÉSÉE

Que vois-je ? Quelle horreur dans ces lieux répandue
Fait fuir devant mes yeux ma famille éperdue ?
Si je reviens si craint et si peu désiré,   955
Ô ciel ! de ma prison pourquoi m'as-tu tiré ?
Je n'avais qu'un ami[1] : son impudente flamme
Du tyran de l'Épire[2] allait ravir[3] la femme ;
Je servais à regret ses desseins amoureux ;
Mais le sort irrité nous aveuglait tous deux.   960
Le tyran m'a surpris sans défense et sans armes.
J'ai vu Pirithoüs, triste objet de mes larmes,
Livré par ce Barbare à des monstres cruels[4]
Qu'il nourrissait du sang des malheureux mortels.
Moi-même, il m'enferma dans des cavernes sombres,   965
Lieux profonds et voisins de l'empire des ombres.
Les dieux, après six mois, enfin m'ont regardé :
J'ai su tromper les yeux par qui[5] j'étais gardé.
D'un perfide ennemi[6] j'ai purgé[7] la nature ;
À ses monstres lui-même a servi de pâture[8].   970
Et lorsque avec transport[9] je pense m'approcher
De tout ce que les dieux m'ont laissé de plus cher ;
Que dis-je ? quand mon âme, à soi-même[10] rendue,
Vient se rassasier d'une si chère vue,
Je n'ai pour tout accueil que des frémissements ;   975
Tout fuit, tout se refuse à mes embrassements :
Et moi-même, éprouvant la terreur que j'inspire,
Je voudrais être encor dans les prisons d'Épire.

---

1. **Un ami :** Pirithoüs.
2. **Du tyran de l'Épire :** Ædonée.
3. **Ravir :** enlever.
4. **Des monstres cruels :** les chiens d'Ædonée, dressés pour tuer et pour
   dévorer les humains.
5. **Par qui :** par lesquels.
6. **Un perfide ennemi :** en l'occurrence, Ædonée.
7. **Purgé :** débarrassé.
8. **Pâture :** nourriture.
9. **Transport :** joie, émotion.
10. **Soi-même :** elle-même.

Parlez. Phèdre se plaint que je suis outragé.
980 Qui m'a trahi ? Pourquoi ne suis-je pas vengé ?
La Grèce, à qui mon bras fut tant de fois utile,
A-t-elle au criminel accordé quelque asile ?
Vous ne répondez point ! Mon fils, mon propre fils
Est-il d'intelligence avec[1] mes ennemis ?
985 Entrons : c'est trop garder un doute qui m'accable.
Connaissons à la fois le crime et le coupable :
Que Phèdre explique enfin le trouble où je la voi[2].

Scène 6 HIPPOLYTE, THÉRAMÈNE

HIPPOLYTE

Où tendait ce discours[3] qui m'a glacé d'effroi ?
Phèdre, toujours en proie à sa fureur extrême,
990 Veut-elle s'accuser et se perdre elle-même ?
Dieux ! que dira le roi ! Quel funeste[4] poison
L'amour a répandu sur toute sa maison !
Moi-même, plein d'un feu[5] que sa haine réprouve,
Quel il m'a vu jadis, et quel il me retrouve[6] !
995 De noirs pressentiments viennent m'épouvanter.
Mais l'innocence enfin n'a rien à redouter.
Allons, cherchons ailleurs par quelle heureuse adresse[7]
Je pourrai de mon père émouvoir[8] la tendresse,
Et lui dire un amour qu'il peut vouloir troubler,
1000 Mais que tout son pouvoir ne saurait ébranler.

---

1. **Est-il d'intelligence avec :** est-il complice de.
2. **Voi :** vois. Cette licence poétique permet d'avoir une rime pour l'œil avec *effroi*.
3. **Ce discours :** celui de Phèdre, à la scène 4 de cet acte.
4. **Funeste :** sinistre, mortel.
5. **Un feu :** une passion.
6. **Quel il m'a vu jadis, et quel il me retrouve :** dans quel état m'a-t-il connu autrefois, et dans quel état me retrouve-t-il aujourd'hui !
7. **Adresse :** moyen, ruse.
8. **Émouvoir :** éveiller, susciter.

Gravure de Massard extraite des *Œuvres complètes* de Racine.
Phèdre, acte III, scène 5.

Synthèse Acte III

Un coup de théâtre

Personnages

La péripétie centrale

Thésée revient des Enfers. Il ne comprend pas le désordre provoqué par son retour.

Œnone s'impose comme l'âme damnée de sa maîtresse. Elle propose à Phèdre de retourner la première contre Hippolyte l'accusation qu'il pourrait lui porter.

Hippolyte pressent le pire. Tenté par la fuite, il envisage finalement d'avouer à Thésée son amour pour Aricie.

Langage

Le monologue

Pour la première fois de la pièce, Phèdre se retrouve seule sur les planches en III, 2. Critiqué pour son invraisemblance et pour sa fréquente longueur, l'usage du monologue dans la tragédie a connu un irrésistible déclin dès les années 1640. Contrairement à la plupart des classiques, Racine fait pourtant de ce procédé un des ressorts dramaturgiques privilégiés de son théâtre.

Société

L'inceste

Claude Lévi-Strauss a vu en l'inceste le seul tabou universel. Au centre de l'organisation de l'écrasante majorité des sociétés humaines, cet interdit est également au cœur de la plupart des tragédies raciniennes, hantées par le sacrilège de sa transgression.

ACTE IV

Scène 1 THÉSÉE, ŒNONE

THÉSÉE

Ah ! qu'est-ce que j'entends ? Un traître, un téméraire
Préparait cet outrage à l'honneur de son père ?
Avec quelle rigueur[1], destin, tu me poursuis !
Je ne sais où je vais, je ne sais où je suis.
Ô tendresse ! ô bonté trop mal récompensée !   1005
Projet audacieux ! détestable pensée !
Pour parvenir au but de ses noires amours,
L'insolent[2] de la force empruntait le secours !
J'ai reconnu le fer[3], instrument de sa rage,
Ce fer dont je l'armai pour un plus noble usage.   1010
Tous les liens du sang n'ont pu le retenir !
Et Phèdre différait[4] à le faire punir !
Le silence de Phèdre épargnait le coupable !

ŒNONE

Phèdre épargnait plutôt un père déplorable[5] :
Honteuse du dessein d'un amant furieux   1015
Et du feu criminel[6] qu'il a pris dans ses yeux,
Phèdre mourait, seigneur, et sa main meurtrière
Éteignait de ses yeux l'innocente lumière.
J'ai vu lever[7] le bras, j'ai couru la sauver.
Moi seule à votre amour j'ai su la conserver ;   1020

---

1. **Rigueur :** sévérité.
2. **L'insolent :** en l'occurrence, Hippolyte.
3. **Le fer :** l'épée d'Hippolyte dont s'est emparée Phèdre à la scène 5 de l'acte II.
4. **Différait :** tardait, hésitait.
5. **Déplorable :** digne d'être plaint.
6. **Du feu criminel :** de l'amour incestueux.
7. **Lever :** se lever.

Et, plaignant à la fois son trouble et vos alarmes[1],
J'ai servi, malgré moi, d'interprète à ses larmes.

THÉSÉE

Le perfide ! il n'a pu s'empêcher de pâlir :
De crainte, en m'abordant[2], je l'ai vu tressaillir.
1025 Je me suis étonné de son peu d'allégresse ;
Ses froids embrassements ont glacé ma tendresse.
Mais ce coupable amour dont il est dévoré
Dans Athènes déjà s'était-il déclaré ?

ŒNONE

Seigneur, souvenez-vous des plaintes de la reine :
1030 Un amour criminel causa toute sa haine.

THÉSÉE

Et ce feu dans Trézène a donc recommencé ?

ŒNONE

Je vous ai dit, seigneur, tout ce qui s'est passé.
C'est trop laisser la reine à sa douleur mortelle ;
Souffrez que je vous quitte et me range auprès d'elle[3].

---

1. **Vos alarmes :** vos inquiétudes.
2. **En m'abordant :** lorsqu'il m'a abordé.
3. **Et me range auprès d'elle :** et que je reprenne ma place à ses côtés.

Scène 2 <small>Thésée, Hippolyte</small>

Thésée

Ah ! le voici. Grands dieux ! à ce noble maintien 1035
Quel œil ne serait pas trompé comme le mien ?
Faut-il que sur le front d'un profane[1] adultère[2]
Brille de la vertu le sacré caractère[3] !
Et ne devrait-on pas à des signes certains
Reconnaître le cœur des perfides humains ! 1040

Hippolyte

Puis-je vous demander quel funeste nuage,
Seigneur, a pu troubler votre auguste[4] visage ?
N'osez-vous confier ce secret à ma foi[5] ?

Thésée

Perfide ! Oses-tu bien te montrer devant moi ?
Monstre, qu'a trop longtemps épargné le tonnerre, 1045
Reste impur des brigands dont j'ai purgé la terre !
Après que le transport d'un amour plein d'horreur[6]
Jusqu'au lit de ton père[7] a porté ta fureur[8],
Tu m'oses présenter une tête ennemie,
Tu parais dans des lieux pleins de ton infamie, 1050
Et ne vas pas chercher, sous un ciel inconnu,
Des pays où mon nom ne soit pas parvenu !
Fuis, traître ! Ne viens point braver ici ma haine,

---

1. **Profane** : sacrilège.
2. **Un adultère** : un homme adultère.
3. **Le sacré caractère** : le caractère sacré.
4. **Auguste** : vénérable.
5. **Foi** : loyauté, fidélité.
6. **Plein d'horreur** : horrible, monstrueux.
7. **Jusqu'au lit de ton père** : jusqu'à la femme qui dort dans le lit de ton père, c'est-à-dire jusqu'à la femme de ton père.
8. **Ta fureur** : sa folie.

Et tenter[1] un courroux que je retiens à peine[2] :
1055　C'est bien assez pour moi de l'opprobre[3] éternel
D'avoir pu mettre au jour un fils si criminel,
Sans que ta mort encor, honteuse à ma mémoire[4],
De mes nobles travaux[5] vienne souiller la gloire.
Fuis ; et, si tu ne veux qu'un châtiment soudain
1060　T'ajoute aux scélérats qu'a punis cette main,
Prends garde que jamais l'astre qui nous éclaire
Ne te voie en ces lieux mettre un pied téméraire.
Fuis, dis-je ; et sans retour précipitant tes pas,
De ton horrible aspect purge[6] tous mes États.
1065　Et toi, Neptune, et toi, si jadis mon courage
D'infâmes assassins nettoya ton rivage[7],
Souviens-toi que, pour prix[8] de mes efforts heureux[9],
Tu promis d'exaucer le premier de mes vœux.
Dans les longues rigueurs d'une prison cruelle
1070　Je n'ai point imploré ta puissance immortelle ;
Avare du secours que j'attends de tes soins[10],
Mes vœux t'ont réservé pour de plus grands besoins :
Je t'implore aujourd'hui. Venge un malheureux père ;
J'abandonne ce traître à toute ta colère ;
1075　Étouffe dans son sang ses désirs effrontés :
Thésée à tes fureurs connaîtra[11] tes bontés.

Hippolyte

D'un amour criminel Phèdre accuse Hippolyte !

---

1. **Tenter :** provoquer, faire l'épreuve de.
2. **À peine :** à grand peine, difficilement.
3. **L'opprobre :** la honte, l'ignominie.
4. **Ma mémoire :** mon renom.
5. **Travaux :** exploits.
6. **Purge :** débarrasse.
7. **Ton rivage :** Neptune est le dieu de la Mer.
8. **Pour prix :** pour récompense.
9. **Heureux :** couronnés de succès.
10. **Avare [...] soins :** ayant précieusement économisé le vœu que tu m'as promis de réaliser.
11. **Connaîtra :** reconnaîtra.

Un tel excès d'horreur rend mon âme interdite[1] ;
Tant de coups imprévus m'accablent à la fois,
Qu'ils m'ôtent la parole et m'étouffent la voix.   1080

THÉSÉE

Traître, tu prétendais[2] qu'en un lâche silence
Phèdre ensevelirait ta brutale insolence.
Il fallait, en fuyant, ne pas abandonner
Le fer[3] qui dans ses mains aide à te condamner ;
Ou plutôt il fallait, comblant[4] ta perfidie,   1085
Lui ravir[5] tout d'un coup[6] la parole et la vie.

HIPPOLYTE

D'un mensonge si noir justement[7] irrité,
Je devrais faire ici parler la vérité,
Seigneur ; mais je supprime[8] un secret qui vous touche[9].
Approuvez le respect qui me ferme la bouche,   1090
Et, sans vouloir vous-même augmenter vos ennuis[10],
Examinez ma vie, et songez qui je suis.
Quelques crimes toujours précèdent les grands crimes ;
Quiconque a pu franchir les bornes légitimes[11]
Peut violer enfin[12] les droits les plus sacrés :   1095
Ainsi que la vertu, le crime a ses degrés,
Et jamais on n'a vu la timide innocence
Passer subitement à l'extrême licence[13].

---

1. **Interdite :** stupéfaite.
2. **Tu prétendais :** tu espérais, tu escomptais.
3. **Le fer :** l'épée.
4. **Comblant :** portant à son comble.
5. **Lui ravir :** dérober à Phèdre.
6. **Tout d'un coup :** tout ensemble.
7. **Justement :** à juste titre.
8. **Je supprime :** je tais.
9. **Vous touche :** vous concerne directement.
10. **Vos ennuis :** vos tourments.
11. **Les bornes légitimes :** les limites de la loi.
12. **Enfin :** à la fin.
13. **L'extrême licence :** le comble de la dépravation.

Un jour seul ne fait point d'un mortel vertueux
1100 Un perfide assassin, un lâche incestueux.
Élevé dans le sein d'une chaste héroïne,
Je n'ai point de son sang démenti l'origine.
Pitthée[1], estimé sage entre tous les humains,
Daigna m'instruire encore au sortir de ses mains[2].
1105 Je ne veux point me peindre avec trop d'avantage ;
Mais si quelque vertu m'est tombée[3] en partage,
Seigneur, je crois surtout avoir fait éclater[4]
La haine des forfaits qu'on ose m'imputer.
C'est par là qu'Hippolyte est connu dans la Grèce.
1110 J'ai poussé la vertu jusques à la rudesse :
On sait de mes chagrins[5] l'inflexible rigueur.
Le jour n'est pas plus pur que le fond de mon cœur.
Et l'on veut qu'Hippolyte, épris d'un feu profane[6]...

THÉSÉE

Oui, c'est ce même orgueil, lâche ! qui te condamne.
1115 Je vois de tes froideurs le principe[7] odieux :
Phèdre seule charmait[8] tes impudiques yeux ;
Et pour tout autre objet[9] ton âme indifférente
Dédaignait de brûler d'une flamme innocente.

HIPPOLYTE

Non, mon père, ce cœur[10] (c'est trop vous le celer[11])
1120 N'a point d'un chaste amour dédaigné de brûler.
Je confesse à vos pieds ma véritable offense :

---

1. **Pitthée :** arrière-grand-père d'Hippolyte, ancien roi de Trézène.
2. **Ses mains :** celles d'Antiope, la mère d'Hippolyte.
3. **Tombée :** échue.
4. **Avoir fait éclater :** avoir manifesté aux yeux de tous.
5. **Mes chagrins :** mon humeur rude et austère.
6. **Un feu profane :** un amour sacrilège.
7. **Le principe :** l'explication.
8. **Charmait :** ensorcelait.
9. **Objet :** personne aimée.
10. **Ce cœur :** mon cœur.
11. **Celer :** cacher.

J'aime, j'aime, il est vrai, malgré votre défense.
Aricie à ses lois tient mes vœux asservis ;
La fille de Pallante a vaincu votre fils :
Je l'adore ; et mon âme, à vos ordres rebelle,   1125
Ne peut ni soupirer, ni brûler[1] que pour elle.

THÉSÉE

Tu l'aimes ? ciel ! Mais non, l'artifice est grossier[2] :
Tu te feins criminel pour te justifier.

HIPPOLYTE

Seigneur, depuis six mois je l'évite et je l'aime ;
Je venais, en tremblant, vous le dire à vous-même.   1130
Eh quoi ! de votre erreur rien ne vous peut tirer ?
Par quel affreux[3] serment faut-il vous rassurer ?
Que la terre, le ciel, que toute la nature...

THÉSÉE

Toujours les scélérats ont recours au parjure.
Cesse, cesse, et m'épargne[4] un importun discours,   1135
Si ta fausse vertu n'a point d'autre recours.

HIPPOLYTE

Elle vous paraît fausse et pleine d'artifice.
Phèdre au fond de son cœur me rend plus de justice.

THÉSÉE

Ah ! que ton impudence excite mon courroux !

HIPPOLYTE

Quel temps à mon exil, quel lieu prescrivez-vous ?   1140

THÉSÉE

Fusses-tu par-delà les colonnes d'Alcide[5],

---

1. **Ni soupirer, ni brûler :** ni soupirer ni brûler d'amour.
2. **L'artifice est grossier :** la ruse est trop commune et trop visible pour abuser quiconque.
3. **Affreux :** effroyable.
4. **Et m'épargne :** et épargne-moi.
5. **Les colonnes d'Alcide :** les colonnes d'Hercule, c'est-à-dire le détroit de Gibraltar, en lequel les Grecs voyaient l'extrême limite du monde connu.

Je me croirais encor trop voisin d'un perfide.

HIPPOLYTE

Chargé du crime affreux dont vous me soupçonnez,
Quels amis me plaindront, quand vous m'abandonnez ?

THÉSÉE

1145 Va chercher des amis dont l'estime funeste
Honore l'adultère, applaudisse à l'inceste,
Des traîtres, des ingrats sans honneur et sans loi,
Dignes de protéger un méchant[1] tel que toi.

HIPPOLYTE

Vous me parlez toujours d'inceste et d'adultère !
1150 Je me tais. Cependant Phèdre sort d'une mère,
Phèdre est d'un sang, seigneur, vous le savez trop bien,
De toutes ces horreurs plus rempli que le mien.

THÉSÉE

Quoi ! ta rage à mes yeux perd toute retenue[2] ?
Pour la dernière fois, ôte-toi de ma vue ;
1155 Sors, traître : n'attends pas qu'un père furieux
Te fasse avec opprobre[3] arracher de ces lieux.

·

---

1. **Un méchant :** un homme mauvais.
2. **Toute retenue :** toute mesure.
3. **Avec opprobre :** honteusement.

Clefs d'analyse
Acte IV, scène 2

Compréhension

▌ *L'affrontement*
- Analyser l'organisation du dialogue.
- Noter les arguments employés par Hippolyte.

▌ *Le courroux de Thésée*
- Relever dans le discours de Thésée les termes et les procédés exprimant la colère et la haine.
- Observer les temps et les modes verbaux employés par Thésée.

Réflexion

▌ *L'incompréhension des êtres*
- Expliquer pourquoi l'argumentation d'Hippolyte ne convainc pas Thésée.
- Analyser les raisons du courroux de Thésée.

▌ *L'opacité des signes*
- Montrer que le début de la scène repose sur un malentendu.
- Expliquer le rôle joué ici par la méprise.

À retenir :
Cette scène signale l'irruption de la fureur et des dieux dans la tragédie : au courroux de Thésée vouant son fils au châtiment de Neptune répondra à la fin de l'acte la colère de Phèdre maudissant Œnone et en appelant au « juste ciel » (v. 1319). Les hommes se montrent ici à la fois incapables d'interpréter les apparences, et incapables de communiquer – et c'est de cette double impuissance que résultera la catastrophe.

Scène 3 Thésée

Misérable, tu cours à ta perte infaillible.
Neptune, par le fleuve aux dieux mêmes terrible[1],
M'a donné sa parole, et va l'exécuter.
1160 Un dieu vengeur te suit[2], tu ne peux l'éviter.
Je t'aimais ; et je sens que, malgré ton offense,
Mes entrailles pour toi se troublent par avance.
Mais à te condamner tu m'as trop engagé[3] :
Jamais père, en effet, fut-il plus outragé !
1165 Justes dieux, qui voyez la douleur qui m'accable,
Ai-je pu mettre au jour un enfant si coupable ?

Scène 4 Phèdre, Thésée

PHÈDRE

Seigneur, je viens à vous, pleine d'un juste[4] effroi ;
Votre voix redoutable a passé[5] jusqu'à moi :
Je crains qu'un prompt effet n'ai suivi la menace.
1170 S'il en est temps encore, épargnez votre race,
Respectez votre sang[6] ; j'ose vous en prier :
Sauvez-moi de l'horreur de l'entendre crier[7] ;

---

1. **Par le fleuve aux dieux mêmes terrible :** le Styx, fleuve de la Mort.
   Les Grecs juraient sur le Styx comme nous prêtons serment sur des
   personnes, des textes ou des objets sacrés.
2. **Suit :** poursuit.
3. **Engagé :** incité, contraint.
4. **Juste :** légitime, justifié.
5. **A passé :** est arrivée.
6. **Votre sang :** votre famille.
7. **De l'entendre crier :** d'entendre votre famille crier vengeance.

Ne me préparez point la douleur éternelle
De l'avoir fait répandre à la main paternelle.

THÉSÉE

Non, madame, en mon sang ma main n'a point trempé ;   1175
Mais l'ingrat toutefois ne m'est point échappé :
Une immortelle main de sa perte est chargée,
Neptune me la doit ; et vous serez vengée.

PHÈDRE

Neptune vous la doit ! Quoi ! vos vœux irrités…

THÉSÉE

Quoi ! craignez-vous déjà qu'ils ne soient écoutés !   1180
Joignez-vous bien plutôt à mes vœux légitimes :
Dans toute leur noirceur retracez-moi ses crimes ;
Échauffez mes transports[1] trop lents, trop retenus.
Tous ses crimes encor ne vous sont pas connus :
Sa fureur contre vous se répand en injures[2] ;   1185
Votre bouche, dit-il, est pleine d'impostures ;
Il soutient qu'Aricie a son cœur, a sa foi,
Qu'il aime.

PHÈDRE

    Quoi, seigneur !

THÉSÉE

        Il l'a dit devant moi :
Mais je sais rejeter un frivole artifice[3].
Espérons de Neptune une prompte justice :   1190
Je vais moi-même encore au pied de ses autels
Le presser d'accomplir ses serments immortels.

---

1. **Mes transports :** mes manifestations de colère.
2. **Injures :** outrages.
3. **Un frivole artifice :** une ruse grossière.

Scène 5 Phèdre

Il sort. Quelle nouvelle a frappé mon oreille ?
Quel feu mal étouffé dans mon cœur se réveille ?
1195 Quel coup de foudre, ô ciel ! et quel funeste avis[1] !
Je volais tout entière au secours de son fils ;
Et, m'arrachant des bras d'Œnone épouvantée,
Je cédais au remords dont j'étais tourmentée.
Qui sait même où[2] m'allait porter ce repentir ?
1200 Peut-être à m'accuser j'aurais pu consentir ;
Peut-être, si la voix ne m'eût été coupée[3],
L'affreuse vérité me serait échappée.
Hippolyte est sensible[4], et ne sent rien pour moi !
Aricie a son cœur ! Aricie a sa foi !
1205 Ah ! dieux ! Lorsqu'à mes vœux l'ingrat inexorable[5]
S'armait d'un œil si fier, d'un front si redoutable,
Je pensais qu'à l'amour son cœur toujours fermé
Fût[6] contre tout mon sexe également armé.
Une autre cependant a fléchi son audace[7] ;
1210 Devant ses yeux cruels une autre a trouvé grâce.
Peut-être a-t-il un cœur facile à s'attendrir :
Je suis le seul objet qu'il ne saurait souffrir[8].
Et je me chargerais du soin de le défendre !

---

1. **Avis :** nouvelle.
2. **Où :** jusqu'où.
3. **M'eût été coupée :** m'avait été coupée.
4. **Sensible :** sensible à l'amour.
5. **Inexorable :** inflexible.
6. **Fût :** serait.
7. **Son audace :** son altier mépris de l'amour.
8. **Le seul objet qu'il ne saurait souffrir :** la seule femme qu'il ne pourrait pas supporter.

Scène 6 PHÈDRE, ŒNONE

PHÈDRE

Chère Œnone, sais-tu ce que je viens d'apprendre ?

ŒNONE

Non ; mais je viens tremblante, à ne vous point mentir.   1215
J'ai pâli[1] du dessein qui vous a fait sortir ;
J'ai craint une fureur à vous-même fatale.

PHÈDRE

Œnone, qui l'eût cru ? j'avais une rivale !

ŒNONE

Comment !

PHÈDRE

      Hippolyte aime ; et je n'en puis douter.
Ce farouche ennemi qu'on ne pouvait dompter,   1220
Qu'offensait le respect[2], qu'importunait la plainte[3],
Ce tigre, que jamais je n'abordai sans crainte,
Soumis, apprivoisé, reconnaît un vainqueur :
Aricie a trouvé le chemin de son cœur.

ŒNONE

Aricie !   1225

PHÈDRE

      Ah ! douleur non encore éprouvée !
À quel nouveau tourment je me suis réservée !
Tout ce que j'ai souffert, mes craintes, mes transports,
La fureur de mes yeux, l'horreur de mes remords,
Et d'un refus cruel l'insupportable injure,
N'était qu'un faible essai[4] du tourment que j'endure.   1230
Ils s'aiment ! Par quel charme[5] ont-ils trompé mes yeux ?

---

1. **Pâli :** pâli de frayeur.
2. **Le respect :** l'admiration que l'on a pour sa personne.
3. **La plainte :** les plaintes amoureuses.
4. **Essai :** ébauche, aperçu.
5. **Charme :** enchantement.

Comment se sont-ils vus ? depuis quand ? dans quels lieux ?
Tu le savais : pourquoi me laissais-tu séduire ?[1]
De leur furtive ardeur[2] ne pouvais-tu m'instruire[3] ?
1235 Les a-t-on vus souvent se parler, se chercher ?
Dans le fond des forêts allaient-ils se cacher ?
Hélas ! ils se voyaient avec pleine licence[4] :
Le ciel de leurs soupirs[5] approuvait l'innocence ;
Ils suivaient sans remords leur penchant amoureux ;
1240 Tous les jours se levaient clairs et sereins pour eux !
Et moi, triste rebut[6] de la nature entière,
Je me cachais au jour, je fuyais la lumière ;
La mort est le seul dieu que j'osais implorer.
J'attendais le moment où j'allais expirer ;
1245 Me nourrissant de fiel[7], de larmes abreuvée,
Encor, dans mon malheur de trop près observée,
Je n'osais dans mes pleurs me noyer à loisir.
Je goûtais en tremblant ce funeste plaisir ;
Et, sous un front serein déguisant mes alarmes[8],
1250 Il fallait bien souvent me priver de mes larmes.

ŒNONE

Quel fruit recevront-ils de leurs vaines amours ?
Ils ne se verront plus.

PHÈDRE

           Ils s'aimeront toujours !
Au moment que je parle, ah ! mortelle pensée !
Ils bravent[9] la fureur d'une amante insensée !
1255 Malgré ce même exil qui va les écarter[10],

---

1. **Pourquoi me laissais-tu séduire ? :** pourquoi me laissais-tu dans l'erreur ?
2. **Leur furtive ardeur :** leur amour secret.
3. **M'instruire :** me tenir informée.
4. **Avec pleine licence :** librement.
5. **Leurs soupirs :** leurs soupirs d'amour.
6. **Rebut :** lie, déchet.
7. **De fiel :** d'amertume.
8. **Mes alarmes :** mes inquiétudes.
9. **Ils bravent :** ils défient.
10. **Écarter :** séparer.

Ils font mille serments de ne se point quitter.
Non, je ne puis souffrir un bonheur qui m'outrage,
Œnone, prends pitié de ma jalouse rage.
Il faut perdre Aricie ; il faut de mon époux
Contre un sang odieux réveiller le courroux :   1260
Qu'il ne se borne pas à des peines[1] légères !
Le crime de la sœur passe[2] celui des frères.
Dans mes jaloux transports je le veux implorer.
Que fais-je ? Où ma raison va-t-elle s'égarer ?
Moi jalouse ! Et Thésée est celui que j'implore !   1265
Mon époux est vivant, et moi je brûle[3] encore !
Pour qui ? Quel est le cœur où prétendent[4] mes vœux ?
Chaque mot sur mon front fait dresser mes cheveux.
Mes crimes désormais ont comblé la mesure :
Je respire à la fois l'inceste et l'imposture[5] ;   1270
Mes homicides mains, promptes à me venger,
Dans le sang innocent brûlent de se plonger.
Misérable ! et je vis ! et je soutiens la vue
De ce sacré Soleil[6] dont je suis descendue !
J'ai pour aïeul le père et le maître des dieux[7] ;   1275
Le ciel, tout l'univers est plein de mes aïeux ;
Où me cacher ? Fuyons dans la nuit infernale[8].
Mais que dis-je ? mon père y tient l'urne fatale[9] ;
Le Sort, dit-on, l'a mise en ses sévères mains :

---

1. **Peines :** châtiments.
2. **Passe :** dépasse.
3. **Je brûle :** je brûle d'amour.
4. **Où prétendent :** auquel prétendent.
5. **L'imposture :** Phèdre a laissé accuser Hippolyte.
6. **Ce sacré soleil :** ce soleil sacré.
7. **Le père et le maître des dieux :** Zeus, dont descend Minos, le père de Phèdre.
8. **La nuit infernale :** la nuit des Enfers.
9. **Mon père y tient l'urne fatale :** en raison de la sagesse avec laquelle il avait régné sur la Crète, les dieux avaient chargé Minos de tenir, à l'entrée des Enfers, l'urne où reposaient les votes qui décidaient du sort des morts.

1280 Minos juge aux enfers tous les pâles humains[1].
Ah ! combien frémira son ombre épouvantée,
Lorsqu'il verra sa fille à ses yeux présentée,
Contrainte d'avouer tant de forfaits divers,
Et des crimes peut-être inconnus aux enfers !
1285 Que diras-tu, mon père, à ce spectacle horrible ?
Je crois voir de ta main tomber l'urne terrible ;
Je crois te voir, cherchant un supplice nouveau,
Toi-même de ton sang[2] devenir le bourreau.
Pardonne[3] : un dieu cruel[4] a perdu ta famille ;
1290 Reconnais sa vengeance aux fureurs[5] de ta fille.
Hélas ! du crime affreux dont la honte me suit,
Jamais mon triste cœur n'a recueilli le fruit :
Jusqu'au dernier soupir de malheurs[6] poursuivie
Je rends dans les tourments une pénible vie.

ŒNONE

1295 Eh ! repoussez, madame, une injuste terreur !
Regardez d'un autre œil une excusable erreur.
Vous aimez. On ne peut vaincre sa destinée :
Par un charme fatal vous fûtes entraînée.
Est-ce donc un prodige inouï parmi nous ?
1300 L'amour n'a-t-il encor triomphé que de vous ?
La faiblesse aux humains n'est que trop naturelle :
Mortelle, subissez le sort d'une mortelle.
Vous vous plaignez d'un joug imposé dès longtemps[7] :
Les dieux même, les dieux de l'Olympe[8] habitants,
1305 Qui d'un bruit si terrible épouvantent les crimes[9],

---

1. **Les pâles humains :** les morts.
2. **Ton sang :** ta fille.
3. **Pardonne :** pardonne-moi.
4. **Un dieu cruel :** en l'occurrence, Vénus.
5. **Aux fureurs :** à la folie.
6. **De malheurs :** par des malheurs.
7. **Dès longtemps :** depuis longtemps.
8. **L'Olympe :** montagne de Grèce où l'on situait la résidence des dieux.
9. **Qui d'un bruit si terrible épouvantent les crimes :** qui rendent les crimes épouvantables en évoquant les châtiments terribles qui leur sont réservés.

Ont brûlé quelquefois de feux illégitimes.

PHÈDRE

Qu'entends-je ! Quels conseils ose-t-on me donner ?
Ainsi donc jusqu'au bout tu veux m'empoisonner,
Malheureuse ! Voilà comme tu m'as perdue ;
Au jour que je fuyais c'est toi qui m'as rendue.   1310
Tes prières m'ont fait oublier mon devoir.
J'évitais Hippolyte, et tu me l'as fait voir.
De quoi te chargeais-tu ? Pourquoi ta bouche impie[1]
A-t-elle, en l'accusant, osé noircir sa vie ?
Il en mourra peut-être, et d'un père insensé   1315
Le sacrilège vœu peut-être est exaucé.
Je ne t'écoute plus. Va-t'en, monstre exécrable !
Va, laisse-moi le soin de mon sort déplorable[2].
Puisse le juste ciel dignement te payer !
Et puisse ton supplice à jamais effrayer   1320
Tous ceux qui, comme toi, par de lâches adresses[3],
Des princes malheureux nourrissent les faiblesses,
Les poussent au penchant où leur cœur est enclin,
Et leur osent du crime aplanir le chemin[4] !
Détestables flatteurs, présent le plus funeste   1325
Que puisse faire aux rois la colère céleste !

ŒNONE, *seule*

Ah ! dieux ! pour la servir j'ai tout fait, tout quitté ;
Et j'en reçois ce prix ! Je l'ai bien mérité.

---

1. **Impie :** sacrilège.
2. **Déplorable :** digne de susciter les larmes.
3. **Adresses :** stratagèmes.
4. **Leur osent du crime aplanir le chemin :** osent leur rendre le crime
   plus facile à commettre.

Synthèse

Le déchaînement des passions

Personnages

Hippolyte calomnié

Œnone calomnie Hippolyte auprès de Thésée mais son dévouement pour sa maîtresse n'est guère payé de retour : Phèdre la chasse et la maudit comme l'artisan de son malheur.

Thésée est horrifié par les accusations portées contre Hippolyte. Il le chasse sans ambages en le vouant à la colère de Neptune.

Hippolyte respecte trop son père pour entreprendre de se disculper en lui faisant part de la passion coupable de Phèdre. Il lui avoue cependant son amour pour Aricie.

Égarée par la jalousie à l'annonce de cet aveu, Phèdre est partagée entre sa soif de vengeance et la culpabilité dévorante que cette même soif éveille en elle.

Langage

L'oxymore

En évoquant son « funeste plaisir » au vers 1248, Phèdre recourt à un oxymore, figure de style dont elle avait déjà fait usage en mentionnant par ailleurs cette « flamme si noire » qu'elle voulait « dérober au jour » (v. 310). L'oxymore joue un rôle essentiel dans le théâtre racinien : juxtaposant deux termes qui paraissent s'exclure, il permet au dramaturge de traduire de la manière la plus spectaculaire les antinomies dont se trouvent prisonniers les êtres humains.

Société

La prédestination

L'allusion de Phèdre au « Dieu cruel » qui aurait perdu sa famille ne pouvait que frapper de plein fouet les contemporains de Racine, familiers de l'œuvre de saint Augustin et de la doctrine chrétienne de la prédestination selon laquelle Dieu choisit par avance les hommes qu'il va sauver. Pourtant, c'est un dieu féroce et vengeur qu'évoque Phèdre, et celui-ci – plus proche du Dieu jaloux de l'Ancien Testament que du Dieu des Évangiles – ne saurait pleinement s'identifier au Dieu juste des chrétiens, damnant ou bien sauvant ses créatures selon qu'il lui a plu de « les choisir pour leur donner cette grâce dans la masse corrompue des hommes, dans laquelle il pouvait avec justice », suite au péché d'Adam, « les abandonner tous » (Blaise Pascal, *Écrits sur la grâce*).

ACTE V

Scène 1

ARICIE

Quoi ! vous pouvez vous taire en ce péril extrême ?
1330 Vous laissez dans l'erreur un père qui vous aime ?
Cruel, si, de mes pleurs méprisant le pouvoir,
Vous consentez sans peine à ne plus me revoir,
Partez ; séparez-vous de la triste[1] Aricie ;
Mais du moins en partant assurez votre vie[2],
1335 Défendez votre honneur d'un reproche honteux,
Et forcez votre père à révoquer ses vœux[3] :
Il en est temps encor. Pourquoi, par quel caprice,
Laissez-vous le champ libre à votre accusatrice ?
Éclaircissez[4] Thésée.

HIPPOLYTE

Eh ! que n'ai-je point dit !
1340 Ai-je dû mettre au jour l'opprobre de son lit ?[5]
Devais-je, en lui faisant un récit trop sincère,
D'une indigne rougeur couvrir le front d'un père ?
Vous seule avez percé ce mystère odieux.
Mon cœur pour s'épancher n'a que vous et les dieux.
1345 Je n'ai pu vous cacher, jugez si je vous aime,
Tout ce que je voulais me cacher à moi-même.
Mais songez sous quel sceau[6] je vous l'ai révélé :
Oubliez, s'il se peut, que je vous ai parlé,
Madame ; et que jamais une bouche si pure
1350 Ne s'ouvre pour conter cette horrible aventure.

---

1. **Triste :** désespérée.
2. **Assurez votre vie :** sauvez votre vie.
3. **Révoquer ses vœux :** revenir sur sa décision.
4. **Éclaircissez :** éclairez.
5. **Ai-je dû mettre au jour l'opprobre de son lit ? :** aurais-je dû rendre publique la honte entachant son mariage ?
6. **Sous quel sceau :** en l'occurrence, sous le sceau du secret.

Sur l'équité des dieux osons nous confier[1] :
Ils ont trop d'intérêt à me justifier[2] ;
Et Phèdre, tôt ou tard de son crime punie,
N'en saurait éviter la juste[3] ignominie.
C'est l'unique respect[4] que j'exige de vous.   1355
Je permets tout le reste à mon libre courroux :
Sortez de l'esclavage où vous êtes réduite ;
Osez me suivre, osez accompagner ma fuite ;
Arrachez-vous d'un lieu funeste et profané
Où la vertu respire un air empoisonné ;   1360
Profitez, pour cacher votre prompte retraite[5],
De la confusion que ma disgrâce y jette.
Je vous puis de la fuite assurer les moyens[6] :
Vous n'avez jusqu'ici de gardes que les miens ;
De puissants défenseurs prendront notre querelle[7] ;   1365
Argos nous tend les bras, et Sparte[8] nous appelle :
À nos amis communs portons nos justes cris ;
Ne souffrons pas que Phèdre, assemblant nos débris[9],
Du trône paternel nous chasse l'un et l'autre,
Et promette à son fils ma dépouille et la vôtre.   1370
L'occasion est belle, il la faut embrasser[10]
Quelle peur vous retient ? Vous semblez balancer[11] !
Votre seul intérêt m'inspire cette audace :
Quand je suis tout de feu, d'où vous vient cette glace[12] ?

---

1. **Sur l'équité des dieux osons nous confier** : osons faire confiance à la justice divine.
2. **Justifier** : rendre justice.
3. **Juste** : justifiée.
4. **Respect** : égard.
5. **Retraite** : départ.
6. **Assurer les moyens** : garantir la sécurité.
7. **Notre querelle** : notre cause.
8. **Argos [...] et Sparte** : villes du Péloponnèse.
9. **Assemblant nos débris** : recueillant le reste de nos héritages.
10. **Embrasser** : saisir.
11. **Balancer** : hésiter.
12. **Cette glace** : cette froideur.

1375 Sur les pas d'un banni craignez-vous de marcher ?

ARICIE

Hélas ! qu'un tel exil, seigneur, me serait cher !
Dans quels ravissements, à votre sort liée,
Du reste des mortels je vivrais oubliée !
Mais, n'étant point unis[1] par un lien si doux[2],
1380 Me puis-je avec honneur dérober[3] avec vous ?
Je sais que, sans blesser l'honneur le plus sévère,
Je me puis affranchir[4] des mains de votre père :
Ce n'est point m'arracher du sein de mes parents ;
Et la fuite est permise à qui fuit ses tyrans.
1385 Mais vous m'aimez, seigneur ; et ma gloire alarmée[5]...

HIPPOLYTE

Non, non, j'ai trop de soin de votre renommée.
Un plus noble dessein m'amène devant vous :
Fuyez vos ennemis, et suivez votre époux.
Libres dans nos malheurs, puisque le ciel l'ordonne,
1390 Le don de notre foi[6] ne dépend de personne.
L'hymen[7] n'est point toujours entouré de flambeaux[8].
Aux portes de Trézène et parmi ces tombeaux,
Des princes de ma race antiques sépultures,
Est un temple sacré formidable aux parjures[9].
1395 C'est là que les mortels n'osent jurer en vain :
Le perfide y reçoit un châtiment soudain ;
Et, craignant d'y trouver la mort inévitable,

---

1. **N'étant point unis :** vous et moi n'étant point unis.
2. **Un lien si doux :** le mariage.
3. **Me puis-je [...] dérober :** puis-je m'enfuir.
4. **Affranchir :** libérer.
5. **Ma gloire alarmée :** ma réputation menacée.
6. **Le don de notre foi :** notre engagement à rester fidèles l'un envers l'autre.
7. **L'hymen :** le mariage.
8. **Entouré de flambeaux :** dans l'Antiquité, les mariages se célébraient le soir, à la lumière de flambeaux.
9. **Formidable aux parjures :** qui effraie les parjures.

Le mensonge n'a point de frein plus redoutable.
Là, si vous m'en croyez, d'un amour éternel
Nous irons confirmer le serment solennel[1] ;　　　　　1400
Nous prendrons à témoin le dieu qu'on y révère ;
Nous le prierons tous deux de nous servir de père.
Des dieux les plus sacrés j'attesterai[2] le nom,
Et la chaste Diane[3], et l'auguste Junon[4],
Et tous les dieux enfin, témoins de mes tendresses,　　1405
Garantiront la foi[5] de mes saintes promesses.

ARICIE

Le roi vient : fuyez, prince, et partez promptement.
Pour cacher mon départ je demeure un moment.
Allez ; et laissez-moi quelque fidèle guide,
Qui conduise vers vous ma démarche timide[6].　　　　1410

Scène 2 　THÉSÉE, ARICIE, ISMÈNE

THÉSÉE

Dieux ! éclairez mon trouble, et daignez à mes yeux
Montrer la vérité, que je cherche en ces lieux !

ARICIE

Songe à tout, chère Ismène, et sois prête à la fuite.

---

1. **Le serment solennel :** celui du mariage.
2. **J'attesterai :** je prendrai à témoin.
3. **Diane :** déesse protectrice d'Hippolyte.
4. **Junon :** déesse du Mariage.
5. **La foi :** la loyauté, la sincérité.
6. **Timide :** mal assurée.

Scène 3 THÉSÉE, ARICIE

THÉSÉE

Vous changez de couleur, et semblez interdite [1],
1415 Madame : que faisait Hippolyte en ce lieu ?

ARICIE

Seigneur, il me disait un éternel adieu.

THÉSÉE

Vos yeux ont su dompter ce rebelle courage [2] ;
Et ses premiers soupirs [3] sont votre heureux ouvrage.

ARICIE

Seigneur, je ne vous puis nier la vérité :
1420 De votre injuste haine [4] il n'a pas hérité ;
Il ne me traitait point comme une criminelle.

THÉSÉE

J'entends [5] : il vous jurait une amour [6] éternelle.
Ne vous assurez point sur [7] ce cœur inconstant ;
Car à d'autres que vous il en jurait autant.

ARICIE

1425 Lui, seigneur ?

THÉSÉE

Vous deviez [8] le rendre moins volage :
Comment souffriez-vous [9] cet horrible partage ?

---

1. **Interdite :** stupéfaite.
2. **Ce rebelle courage :** ce cœur rebelle à l'amour.
3. **Soupirs :** soupirs d'amour.
4. **De votre injuste haine :** de l'injuste haine que vous me vouez.
5. **J'entends :** je comprends.
6. **Une amour :** un amour.
7. **Ne vous assurez point sur :** ne vous fiez pas à.
8. **Vous deviez :** vous auriez dû.
9. **Souffriez-vous :** tolériez-vous.

ARICIE

Et comment souffrez-vous que d'horribles discours
D'une si belle vie osent noircir le cours ?
Avez-vous de son cœur si peu de connaissance ?
Discernez-vous si mal le crime et l'innocence ?   1430
Faut-il qu'à vos yeux seuls un nuage odieux
Dérobe sa vertu qui brille à tous les yeux !
Ah ! c'est trop le livrer à des langues perfides.
Cessez : repentez-vous de vos vœux homicides ;
Craignez, seigneur, craignez que le ciel rigoureux[1]   1435
Ne vous haïsse assez pour exaucer vos vœux.
Souvent dans sa colère il reçoit[2] nos victimes :
Ses présents sont souvent la peine de nos crimes.

THÉSÉE

Non, vous voulez en vain couvrir[3] son attentat :
Votre amour vous aveugle en faveur de l'ingrat.   1440
Mais j'en crois des témoins certains, irréprochables :
J'ai vu, j'ai vu couler des larmes véritables[4].

ARICIE

Prenez garde, seigneur : vos invincibles mains
Ont de monstres sans nombre affranchi[5] les humains ;
Mais tout n'est pas détruit, et vous en laissez vivre   1445
Un... Votre fils, seigneur, me défend de poursuivre.
Instruite du respect qu'il veut vous conserver,
Je l'affligerais trop si j'osais achever.
J'imite sa pudeur[6], et fuis votre présence
Pour n'être pas forcée de rompre le silence.   1450

---

1. **Rigoureux :** sévère.
2. **Il reçoit :** il accepte, il agrée.
3. **Couvrir :** défendre, excuser.
4. **Véritables :** sincères.
5. **Affranchi :** délivré, débarrassé.
6. **Sa pudeur :** sa réserve.

Scène 4 <small>THÉSÉE</small>

Quelle est donc sa pensée ? et que cache un discours
Commencé tant de fois, interrompu toujours ?
Veulent-ils m'éblouir[1] par une feinte vaine ?
Sont-ils d'accord tous deux pour me mettre à la gêne[2] ?
1455 Mais moi-même, malgré ma sévère rigueur,
Quelle plaintive voix crie au fond de mon cœur ?
Une pitié secrète et m'afflige et m'étonne.
Une seconde fois interrogeons Œnone :
Je veux de tout le crime être mieux éclairci.
1460 Gardes, qu'Œnone sorte, et vienne seule ici.

Scène 5 <small>THÉSÉE, PANOPE</small>

PANOPE

J'ignore le prÌojet que la reine médite,
Seigneur ; mais je crains tout du transport qui l'agite.
Un mortel désespoir sur son visage est peint ;
La pâleur de la mort est déjà sur son teint.
1465 Déjà, de sa présence, avec honte chassée,
Dans la profonde mer Œnone s'est lancée.
On ne sait point d'où part ce dessein furieux[3] ;
Et les flots pour jamais l'ont ravie à nos yeux.

THÉSÉE

Qu'entends-je ?

---

1. **M'éblouir :** m'abuser.
2. **À la gêne :** au supplice.
3. **D'où part ce dessein furieux :** d'où vient cette folle décision.

116

PANOPE

Son trépas n'a point calmé la reine ;
Le trouble semble croître en son âme incertaine.   1470
Quelquefois, pour flatter[1] ses secrètes douleurs,
Elle prend ses enfants et les baigne de pleurs ;
Et soudain, renonçant à l'amour maternelle,
Sa main avec horreur les repousse loin d'elle ;
Elle porte au hasard ses pas irrésolus ;   1475
Son œil tout égaré ne nous reconnaît plus ;
Elle a trois fois écrit ; et, changeant de pensée,
Trois fois elle a rompu[2] sa lettre commencée.
Daignez la voir, seigneur ; daignez la secourir.

THÉSÉE

Ô ciel ! Œnone est morte, et Phèdre veut mourir !   1480
Qu'on rappelle mon fils, qu'il vienne se défendre ;
Qu'il vienne me parler, je suis prêt de[3] l'entendre.
Ne précipite point tes funestes bienfaits,
Neptune ; j'aime mieux n'être exaucé jamais.
J'ai peut-être trop cru des témoins peu fidèles[4],   1485
Et j'ai trop tôt vers toi levé mes mains cruelles.
Ah ! de quel désespoir mes vœux seraient suivis !

Scène 6 THÉSÉE, THÉRAMÈNE

THÉSÉE

Théramène, est-ce toi ? Qu'as-tu fait de mon fils ?
Je te l'ai confié dès l'âge le plus tendre.
Mais d'où naissent les pleurs que je te vois répandre ?   1490
Que fait mon fils ?

---

1. **Flatter :** apaiser, tromper.
2. **Rompu :** déchiré.
3. **Je suis prêt de :** je suis prêt à.
4. **Peu fidèles :** peu sûrs.

THÉRAMÈNE

Ô soins[1] tardifs et superflus !
Inutile tendresse ! Hippolyte n'est plus.

THÉSÉE

Dieux !

THÉRAMÈNE

J'ai vu des mortels périr le plus aimable[2],
Et j'ose dire encor, seigneur, le moins coupable.

THÉSÉE

1495 Mon fils n'est plus ! Eh quoi ! quand je lui tends les bras,
Les dieux impatients ont hâté son trépas !
Quel coup me l'a ravi ? quelle foudre soudaine ?

THÉRAMÈNE

À peine nous sortions des portes de Trézène,
Il était sur son char ; ses gardes affligés
1500 Imitaient son silence, autour de lui rangés ;
Il suivait tout pensif le chemin de Mycènes[3] ;
Sa main sur ses chevaux laissait flotter les rênes ;
Ses superbes coursiers[4], qu'on voyait autrefois
Pleins d'une ardeur si noble obéir à sa voix,
1505 L'œil morne maintenant, et la tête baissée,
Semblaient se conformer à sa triste pensée.
Un effroyable cri, sorti du fond des flots,
Des airs en ce moment a troublé le repos ;
Et, du sein de la terre, une voix formidable[5]
1510 Répond en gémissant à ce cri redoutable.
Jusqu'au fond de nos cœurs notre sang s'est glacé ;
Des coursiers attentifs le crin s'est hérissé.
Cependant[6], sur le dos de la plaine liquide[7],

---

1. **Soins :** inquiétudes, préoccupations.
2. **Aimable :** digne d'être aimé.
3. **Mycènes :** ville du Péloponnèse.
4. **Ses superbes coursiers :** ses fiers et rapides chevaux.
5. **Formidable :** terrifiante.
6. **Cependant :** pendant ce temps.
7. **La plaine liquide :** la mer (périphrase empruntée à Virgile).

S'élève à gros bouillons une montagne humide ;
L'onde approche, se brise, et vomit à nos yeux,   1515
Parmi des flots d'écume, un monstre furieux.
Son front large est armé de cornes menaçantes ;
Tout son corps est couvert d'écailles jaunissantes ;
Indomptable taureau, dragon impétueux,
Sa croupe se recourbe en replis tortueux ;   1520
Ses longs mugissements font trembler le rivage.
Le ciel avec horreur voit ce monstre sauvage ;
La terre s'en émeut[1], l'air en est infecté ;
Le flot qui l'apporta recule épouvanté.
Tout fuit ; et, sans s'armer d'un courage inutile,   1525
Dans le temple voisin chacun cherche un asile.
Hippolyte lui seul, digne fils d'un héros[2],
Arrête ses coursiers, saisit ses javelots,
Pousse au monstre[3], et d'un dard[4] lancé d'une main sûre,
Il lui fait dans le flanc une large blessure.   1530
De rage et de douleur le monstre bondissant
Vient aux pieds des chevaux tomber en mugissant,
Se roule, et leur présente une gueule enflammée
Qui les couvre de feu, de sang et de fumée.
La fureur les emporte ; et, sourds à cette fois[5],   1535
Ils ne connaissent plus ni le frein ni la voix ;
En efforts impuissants leur maître se consume,
Ils rougissent le mors d'une sanglante écume.
On dit qu'on a vu même, en ce désordre affreux,
Un dieu[6] qui d'aiguillons pressait leur flanc poudreux[7].   1540
À travers des rochers la peur les précipite ;
L'essieu crie et se rompt : l'intrépide Hippolyte
Voit voler en éclats tout son char fracassé ;

---

1. **S'en émeut :** tremble.
2. **D'un héros :** en l'occurrence, de Thésée.
3. **Pousse au monstre :** s'élance contre le monstre (terme de chasse).
4. **Un dard :** un javelot.
5. **À cette fois :** pour cette fois.
6. **Un dieu :** Neptune.
7. **Poudreux :** poussiéreux.

Dans les rênes lui-même, il tombe embarrassé[1].
1545 Excusez ma douleur : cette image cruelle
Sera pour moi de pleurs une source éternelle.
J'ai vu, seigneur, j'ai vu votre malheureux fils
Traîné par les chevaux que sa main a nourris.
Il veut les rappeler, et sa voix les effraie ;
1550 Ils courent : tout son corps n'est bientôt qu'une plaie.
De nos cris douloureux la plaine retentit :
Leur fougue impétueuse enfin se ralentit.
Ils s'arrêtent non loin de ces tombeaux antiques
Où des rois nos aïeux sont les froides reliques[2].
1555 J'y cours en soupirant, et sa garde me suit :
De son généreux[3] sang la trace nous conduit ;
Les rochers en sont teints ; les ronces dégouttantes[4]
Portent de ses cheveux les dépouilles sanglantes.
J'arrive, je l'appelle ; et, me tendant la main,
1560 Il ouvre un œil mourant qu'il referme soudain :
« Le ciel, dit-il, m'arrache une innocente vie.
Prends soin après ma mort de la triste Aricie[5].
Cher ami, si mon père un jour désabusé[6]
Plaint[7] le malheur d'un fils faussement accusé,
1565 Pour apaiser mon sang et mon ombre plaintive,
Dis-lui qu'avec douceur il traite sa captive ;
Qu'il lui rende… » À ce mot, ce héros expiré[8]
N'a laissé dans mes bras qu'un corps défiguré :
Triste objet où des dieux triomphe la colère,
1570 Et que méconnaîtrait l'œil même de son père[9].

---

1. **Embarrassé :** empêtré, enchevêtré.
2. **Reliques :** dépouilles, restes.
3. **Généreux :** noble.
4. **Dégouttantes :** ruisselantes.
5. **La triste Aricie :** la pauvre Aricie.
6. **Désabusé :** détrompé, revenu de son erreur.
7. **Plaint :** déplore.
8. **Expiré :** ayant rendu le dernier soupir.
9. **Et que méconnaîtrait l'œil même de son père :** et que ne reconnaîtrait même pas l'œil de son père.

THÉSÉE

Ô mon fils ! cher espoir que je me suis ravi[1] !
Inexorables[2] dieux, qui m'avez trop servi !
À quels mortels regrets ma vie est réservée !

THÉRAMÈNE

La timide Aricie est alors arrivée :
Elle venait, seigneur, fuyant votre courroux,   1575
À la face des dieux l'accepter pour époux ;
Elle approche ; elle voit l'herbe rouge et fumante ;
Elle voit (quel objet[3] pour les yeux d'une amante !)
Hippolyte étendu, sans forme et sans couleur.
Elle veut quelque temps douter de son malheur ;   1580
Et, ne connaissant[4] plus ce héros qu'elle adore,
Elle voit Hippolyte, et le demande encore.
Mais, trop sûre à la fin qu'il est devant ses yeux,
Par un triste regard elle accuse les dieux ;
Et froide, gémissante, et presque inanimée,   1585
Aux pieds de son amant elle tombe pâmée[5].
Ismène est auprès d'elle ; Ismène, tout en pleurs,
La rappelle à la vie, ou plutôt aux douleurs.
Et moi, je suis venu, détestant la lumière[6],
Vous dire d'un héros la volonté dernière,   1590
Et m'acquitter, seigneur, du malheureux emploi[7]
Dont son cœur expirant s'est reposé sur moi.
Mais j'aperçois venir sa mortelle ennemie.

---

1. **Que je me suis ravi :** que je me suis dérobé à moi-même.
2. **Inexorables :** inflexibles.
3. **Objet :** spectacle.
4. **Connaissant :** reconnaissant.
5. **Pâmée :** évanouie.
6. **Détestant la lumière :** maudissant cette vie.
7. **Emploi :** mission.

Scène 7 THÉSÉE, PHÈDRE, THÉRAMÈNE, PANOPE, GARDES

THÉSÉE

Eh bien ! vous triomphez, et mon fils est sans vie !
1595 Ah ! que j'ai lieu de craindre ! et qu'un cruel soupçon,
L'excusant dans mon cœur, m'alarme avec raison !
Mais, madame, il est mort, prenez votre victime ;
Jouissez de sa perte, injuste ou légitime[1] :
Je consens que mes yeux soient toujours abusés[2].
1600 Je le crois criminel, puisque vous l'accusez.
Son trépas à mes pleurs offre assez de matières[3]
Sans que j'aille chercher d'odieuses lumières[4],
Qui, ne pouvant le rendre à ma juste douleur,
Peut-être ne feraient qu'accroître mon malheur.
1605 Laissez-moi, loin de vous, et loin de ce rivage,
De mon fils déchiré fuir la sanglante image.
Confus[5], persécuté d'un mortel souvenir,
De l'univers entier je voudrais me bannir[6].
Tout semble s'élever contre mon injustice ;
1610 L'éclat de mon nom[7] même augmente mon supplice :
Moins connu des mortels, je me cacherais mieux.
Je hais jusques au soin dont m'honorent les dieux ;
Et je m'en vais pleurer leurs faveurs meurtrières[8],
Sans plus les fatiguer d'inutiles prières.
1615 Quoi qu'ils fissent[9] pour moi, leur funeste bonté

---

1. **Injuste ou légitime :** qu'elle soit injuste ou légitime.
2. **Abusés :** trompés.
3. **Matières :** sujets.
4. **Lumières :** explications.
5. **Confus :** bouleversé et anéanti.
6. **Me bannir :** m'exiler.
7. **L'éclat de mon nom :** ma gloire.
8. **Leurs faveurs meurtrières :** celles de Neptune.
9. **Fissent :** puissent faire.

Ne me saurait payer de[1] ce qu'ils m'ont ôté.

PHÈDRE

Non, Thésée, il faut rompre un injuste silence ;
Il faut à votre fils rendre son innocence :
Il n'était point coupable.

THÉSÉE

Ah ! père infortuné !
Et c'est sur votre foi[2] que je l'ai condamné !   1620
Cruelle ! pensez-vous être assez excusée...

PHÈDRE

Les moments me sont chers[3] ; écoutez-moi, Thésée :
C'est moi qui sur ce fils chaste et respectueux
Osai jeter un œil profane[4], incestueux.
Le ciel mit dans mon sein une flamme funeste :   1625
La détestable Œnone a conduit tout le reste.
Elle a craint qu'Hippolyte, instruit[5] de ma fureur,
Ne découvrît un feu[6] qui lui faisait horreur :
La perfide, abusant[7] de ma faiblesse extrême,
S'est hâtée à vos yeux de l'accuser lui-même.   1630
Elle s'en est punie, et, fuyant mon courroux,
A cherché dans les flots un supplice trop doux.
Le fer aurait déjà tranché ma destinée ;
Mais je laissais[8] gémir la vertu soupçonnée :
J'ai voulu, devant vous, exposant mes remords,   1635
Par un chemin plus lent descendre chez les morts.
J'ai pris, j'ai fait couler dans mes brûlantes veines
Un poison que Médée[9] apporta dans Athènes.

---

1. **Ne me saurait payer de :** ne saurait contrebalancer.
2. **Sur votre foi :** sur votre parole.
3. **Chers :** comptés et précieux.
4. **Profane :** sacrilège.
5. **Instruit :** informé.
6. **Ne découvrit un feu :** ne rendit public un amour.
7. **Abusant :** profitant avec excès.
8. **Je laissais :** j'aurais laissé.
9. **Médée :** illustre magicienne.

Déjà jusqu'à mon cœur le venin[1] parvenu
1640 Dans ce cœur expirant jette un froid inconnu ;
Déjà je ne vois plus qu'à travers un nuage
Et le ciel et l'époux que ma présence outrage ;
Et la mort, à mes yeux dérobant la clarté,
Rend au jour qu'ils souillaient toute sa pureté.

PANOPE

1645 Elle expire, seigneur !

THÉSÉE

D'une action si noire
Que ne peut avec elle expirer la mémoire[2] !
Allons, de mon erreur, hélas ! trop éclaircis,
Mêler nos pleurs au sang de mon malheureux fils !
Allons de ce cher fils embrasser ce qui reste,
1650 Expier la fureur d'un vœu que je déteste[3] :
Rendons-lui les honneurs qu'il a trop mérités[4] ;
Et, pour mieux apaiser ses mânes irrités,
Que, malgré les complots d'une injuste famille[5],
Son amante aujourd'hui me tienne lieu de fille.

---

1. **Le venin :** le poison.
2. **Expirer la mémoire :** s'éteindre le souvenir.
3. **Je déteste :** je maudis.
4. **Qu'il a trop mérités :** qu'il n'a que trop mérités.
5. **D'une injuste famille :** celle des Pallantides, à laquelle appartient Aricie.

Clefs d'analyse
Acte V, scène 7

Compréhension

▌ L'aveu
- Noter à quel moment de la scène se situe l'aveu de Phèdre.
- Observer la manière dont Phèdre tente de se disculper.

▌ La malédiction et le châtiment
- Relever dans la tirade de Phèdre les termes renvoyant aux dieux.
- Identifier les termes appartenant au champ lexical de la justice et de la punition.

Réflexion

▌ Le dénouement
- Expliquer en quoi cette scène constitue un dénouement complet.
- Étudier la manière dont les principaux thèmes métaphoriques de la pièce (le monstre, le sang, le fer, le feu...) sont repris une dernière fois dans la tirade de Phèdre.

▌ Morts et remords
- Expliquer en quoi les suicides de Phèdre et d'Œnone ne revêtent pas la même signification.
- Étudier la fonction de la dernière tirade de Thésée. Expliquer pourquoi Racine n'a pas clôt sa pièce sur le vers 1645.

À retenir :

Le dénouement de Phèdre est à la fois nécessaire et complet : Hippolyte périt à l'endroit où il devait retrouver Aricie ; Thésée, jusqu'alors incapable de déchiffrer les apparences, se voit enfin éclairci ; Phèdre la maudite va jusqu'au bout de la haine qu'elle éprouve pour elle-même en s'empoisonnant.

Synthèse Acte V

Un dénouement tragique

Personnages

La catastrophe

Œnone se donne la mort, car elle ne supporte pas d'être renvoyée par Phèdre. Attaqué par un monstre envoyé par Neptune, Hippolyte meurt déchiqueté. Phèdre se suicide en recourant au poison après avoir avoué sa faute à Thésée. Pleinement revenu de son erreur, Thésée adopte Aricie.

Langage

L'enjambement

L'enjambement est un procédé de versification consistant en la rupture d'une unité métrique par le prolongement d'une unité grammaticale. Accentuée par l'interruption soudaine du cours de la phrase, l'audace de l'enjambement effectué par Aricie aux vers 1445-1446 (« et vous en laissez vivre/Un... ») confère une intensité à l'accusation étranglée dont vibre son discours.

Société

Le mariage par rapt

Au moment de s'enfuir avec Hippolyte, Aricie marque un temps d'hésitation : aucun impératif moral ne l'empêche de s'arracher aux mains de son tyran ; mais elle ne saurait s'enfuir avec un homme qui l'aime et qui ne lui aurait pas promis de l'épouser sans compromettre son honneur. Fréquent dans l'Antiquité, le mariage par rapt était encore une pratique courante au XVIIe siècle, où les laïcs le tenaient pour un des modes de formation du mariage légitime.

veux et dont je n'ay esté qu'un sterile admirateur.
Mais plus j'ay offensé Dieu plus j'ay besoin des
prieres d'une si sainte Communauté pour ~~charmé envers~~ attirer
misericorde sur moy. Je prie aussi la Mere Abbesse
et les Religieuses de vouloir accepter une somme de
Huit cens livres que j'ay ordonné qu'on leur donne
apres ma mort. Fait a Paris dans mon cabinet
le dixième Octobre, mille six cens quatrevingt dix-
huit. Racine

Autographe de Jean Racine.

POUR
APPROFONDIR

Genre, action, personnages

Genre et registres

Phèdre, une fatalité intériorisée

Tragique et malédiction divine

L'univers tragique est d'abord celui où règne la fatalité. Si l'amour qu'éprouve Phèdre pour Hippolyte s'avère fatal, ce n'est pas seulement parce qu'il est passionnel : c'est aussi parce qu'il résulte d'une malédiction jetée par Vénus pour se venger du Soleil. Autrefois en effet, Vénus, mariée au dieu du Feu Vulcain, prit pour amant Mars, dieu de la Guerre, dont elle eut trois enfants. Ayant surpris le couple adultère, le Soleil le dénonça à Vulcain et le livra à la risée des autres dieux. Vénus garda dès lors une rancune tenace et haineuse envers le Soleil et ses descendants, parmi lesquels Phèdre – dont le nom signifie « brillante » (v. 169-172, 1274-1276). De cette malédiction, Phèdre se montre pleinement consciente. Elle est en effet la fille de Pasiphaé, femme dénaturée au point de s'unir à un taureau et de donner naissance au Minotaure, monstre au corps d'homme et à la tête de taureau (v. 249-250). Sa sœur, Ariane, Crétoise, trahit les siens par amour pour le Grec Thésée, qui l'abandonna ensuite (v. 253-254). C'est donc d'abord comme hérédité que se définissent dans *Phèdre* le destin et la fatalité – comme en témoignent les nombreuses allusions à la parenté qui scandent le discours de l'héroïne éponyme (qui donne son nom à la pièce) : le mot « sang » est employé trente-sept fois dans la pièce, presque toujours par Phèdre, et il est systématiquement associé à la déploration.

Tragique et scission du moi

Pourtant, le XVIIᵉ siècle français n'est pas l'Antiquité et Racine ne croit pas plus que le spectateur actuel au châtiment des dieux païens. L'action des dieux semble en fait pouvoir s'interpréter comme une représentation extériorisée d'une fatalité plus intérieure, née du profond combat qui déchire l'héroïne entre une aspiration à la pureté et la violence d'un amour qui l'entraîne. Dans *Phèdre,* le tragique naît d'une transcendance qui ne s'identifie ni aux dieux païens, ni même au Dieu judéo-chrétien, mais se confond plutôt avec la présence en l'homme d'une force invincible et dangereuse, qui à la fois le constitue et lui est étrangère.

Car, à en juger par les faits, Phèdre n'est pas coupable : l'adultère incestueux n'est nullement consommé et Phèdre semble « fai[re] tous ses efforts pour [...] surmonter » sa passion (*Préface*). Du reste, le caractère incestueux de cette passion relève surtout des convenances sociales, car Phèdre et Hippolyte ne sont pas, au sens strict, proches parents. En outre, au moment où Phèdre se déclare, elle a toutes les raisons de croire Thésée mort : le lien familial qui l'unissait à Hippolyte lui paraît donc dissous.

Ainsi, le tragique ne prend pas sa source dans une faute objective de l'héroïne, mais dans le sentiment subjectif qu'elle nourrit de sa propre culpabilité et qu'elle réaffirme tout au long de la pièce (v. 217, 307, 703, 1241 notamment). Cette douloureuse scission du moi peut être interprétée comme liée à une vision janséniste de l'homme, désirant contre sa volonté et se croyant absolument libre alors que, esclave de ses passions, il ne peut agir efficacement qu'avec l'aide de Dieu et ne peut être sauvé que par la grâce divine (voir les versets de saint Paul paraphrasés par Racine dans un cantique, *Plainte d'un chrétien sur les contrariétés qu'il éprouve au-dedans de lui-même* : « Je veux, et n'accomplis jamais. / Je veux. Mais, ô misère extrême ! / Je ne fais pas le bien que j'aime, / Et je fais le mal que je hais. ») De fait, les actions qu'entreprend Phèdre pour lutter contre sa passion, non seulement sont vaines, mais accélèrent encore la catastrophe. Alors que les héros cornéliens se voyaient acculés par les circonstances à un choix impossible mais pouvaient du moins conserver activement, fût-ce jusque dans la mort, leur honneur et leur unité profonde, Phèdre porte en elle-même la contradiction qui la détruit. Elle n'est pas déchirée mais divisée, victime de l'ambivalence essentielle de sa nature, qui la porte à la fois vers la pureté de la vertu et vers les obscures profondeurs de la passion.

Le palais de Trézène, une prison inquiétante

Racine fait en outre de la contrainte de l'unité de lieu une source supplémentaire de tragique. Les tragédies se déroulent habituellement dans un « palais à volonté », dépourvu de voûte ou de plafond, et ouvert sur un ciel figuré par des nuages peints, dont descendent les dieux venant participer à l'action. Or le cadre de *Phèdre* est décrit comme un « palais voûté », indication confirmée par la didascalie interne que constitue le vers 854 : cette clôture assimile le palais à une prison à la fois étouffante et inquiétante. Les autres lieux évoqués (labyrinthe, prison de Thésée, Enfers...) conjuguent également l'obscurité effrayante et l'enfermement.

Phèdre, une tragédie classique

Le début du règne de Louis XIV correspond à l'âge d'or de la tragédie dite « classique », obéissant à des règles à la fois inspirées du philosophe grec Aristote (IVe siècle avant J.-C.) et propres au théâtre français de cette époque.

L'héritage aristotélicien

Au XVIIe siècle en effet, c'est à partir de la *Poétique* d'Aristote qu'est pensée et pratiquée la littérature en général, le théâtre en particulier. Lorsque les préceptes qu'y énonçait Aristote à l'intention des dramaturges sont mis en cause au cours de la querelle des Anciens et des Modernes, Racine s'engage aux côtés des Anciens, partisans du strict respect de la *Poétique*. De fait, les critiques ont souvent considéré que, contrairement à Corneille, l'auteur de *Phèdre* appliquait avec aisance les règles aristotéliciennes.

Genre, action, personnages

Pour Aristote, la vocation principale de la tragédie est didactique : la tragédie vise à enseigner une vérité (à la fois morale et métaphysique) au public. Pour purger le spectateur de ses passions mauvaises, la pièce doit faire naître chez lui de manière durable deux sentiments à la fois puissants et complémentaires : la terreur et la pitié. L'interprétation de cette « purgation » (en grec, *catharsis*) n'est guère aisée et a donné lieu à bien des débats. Pour Racine, il semble qu'elle doive se comprendre sur un plan essentiellement moral. À un moment où le théâtre est violemment attaqué pour son immoralité (en particulier dans les milieux proches de Port-Royal, auxquels Racine est lié à bien des égards), la *Préface* de *Phèdre* explique la valeur édifiante de la pièce par un phénomène d'identification : effrayé et apitoyé par le sort déplorable réservé aux personnages, le spectateur se gardera dans l'avenir de commettre les mêmes fautes qu'eux.

Par leur sort malheureux, les protagonistes doivent donc inspirer à la fois terreur et pitié au spectateur. Pour cela, ils doivent figurer une sorte d'intermédiaire entre le vice et la vertu. Ainsi, le sort de ces personnages, « ni tout à fait coupable[s], ni tout à fait innocent[s] » (comme le déclare Racine de son héroïne dans la *Préface*), n'apparaîtra au spectateur ni comme un châtiment pleinement justifié (qui n'inspirerait que crainte et nulle pitié), ni comme une injustice flagrante (qui n'inspirerait que révolte). S'inscrivant dans la droite lignée des préceptes aristotéliciens, Racine affirme dans la *Préface* de *Phèdre* qu'il a voulu y créer des personnages moyens : il reproche à son prédécesseur Euripide d'avoir dépeint Hippolyte comme « un philosophe exempt de toute imperfection », et invente le personnage d'Aricie, objet de l'amour coupable d'Hippolyte : « J'ai cru lui devoir donner quelque faiblesse qui le rendrait un peu coupable envers son père. » À l'inverse, il prend ses distances avec les auteurs antiques qui ont, selon lui, donné de Phèdre un portrait trop négatif et affirme : « J'ai [...] pris soin de la rendre un peu moins odieuse qu'elle n'est dans les tragédies des Anciens. » Chacun des protagonistes s'avère ainsi – quoique dans des proportions inégales – à la fois coupable et innocent : tous commettent une erreur tragique et la combinaison de ces erreurs mène à la catastrophe. Comme le souligne Albert Camus (*Essais*, « Conférence prononcée à Athènes sur l'avenir de la tragédie », Gallimard, 1993), cette culpabilité généralisée distingue la tragédie du (mélo)drame, dans lequel les camps du bien et du mal sont clairement différenciés : si dans le drame, « un seul est juste et justifiable », dans la tragédie, « tous sont justifiables, personne n'est juste ».

Les règles classiques : unités, bienséance et vraisemblance

Les théoriciens du théâtre classique complètent les grands préceptes d'Aristote par d'autres règles plus ou moins inspirées de la *Poétique*, principalement motivées par le souci de garantir la vraisemblance de la pièce. Celle-ci ne conditionne pas seulement le plaisir du spectateur ; elle est également indispensable pour que la tragédie puisse accomplir sa vocation cathartique. Car pour éprouver terreur et pitié, le spectateur doit être persuadé d'assister à une action véritable. Le dramaturge s'ingéniera donc à ne représenter que des actions plausibles (même s'il faut, pour cela, modifier la réalité historique, parfois invraisemblable) et à faire oublier au spectateur les conditions matérielles de la représentation.

C'est par cette exigence de vraisemblance que s'expliquent les règles des trois unités : unité de temps, unité de lieu et unité d'action.

La première était formulée de manière quelque peu imprécise par Aristote, qui affirmait que la pièce devait « s'efforce[r] le plus possible de se renfermer dans une révolution de soleil », sans indiquer s'il fallait entendre par là une période de douze ou de vingt-quatre heures. Il s'agissait en fait d'éviter une trop grande disproportion entre le temps véritablement passé par le spectateur dans la salle et le temps qu'il voyait représenté sur scène. Alors que des dramaturges tels que Corneille tirent parti de cette incertitude pour étirer au maximum le temps de l'action, Racine radicalise la règle de l'unité de temps, en cherchant à rapprocher le plus possible la durée de l'histoire et la durée de la représentation (à son époque, environ trois heures).

La règle de l'unité de lieu n'était pas formulée par Aristote, mais elle est instituée par les théoriciens classiques sur le modèle de la règle de l'unité de temps, dont elle constitue une simple transposition sur le plan spatial. Il s'agit en effet de faire coïncider l'expérience réellement vécue par le spectateur (rester assis en un lieu pendant la durée de la représentation) et l'expérience fictive à laquelle il doit croire (être le témoin d'une intrigue se déroulant en un seul lieu). Là encore, alors que certains dramaturges ne tiennent compte, en réalité, que de l'unité de temps et autorisent les personnages à évoluer dans un large espace pouvant être parcouru en une journée, Racine tend à restreindre l'espace théâtral à une étendue correspondant au champ optique du spectateur.

Déjà préconisée par Aristote, la règle de l'unité d'action vise moins à renforcer la vraisemblance de la pièce qu'à en garantir la cohérence dramatique et esthétique : les intrigues secondaires doivent être liées à l'action principale de telle sorte que le dénouement résolve l'ensemble des intrigues exposées.

Comme l'exigence de vraisemblance, l'exigence de bienséance vise à produire l'adhésion du spectateur à ce qui est représenté. Cependant, il ne s'agit pas ici de lui faire croire que ce qu'il voit est vrai, mais d'éviter de le gêner par des actions ou des paroles choquantes qui, en entraînant de sa part réprobation, voire condamnation, feraient écran au processus cathartique. Respecter la bienséance est en outre une nécessité en un siècle imposant des normes morales et sociales très strictes, et imprégné de la pensée augustinienne présentant le théâtre comme un divertissement immoral. La bienséance interdit par exemple à une princesse, femme de très haut rang, de s'abaisser à proférer elle-même une calomnie. Elle implique qu'Aricie, jeune femme vertueuse, ne puisse se permettre de suivre Hippolyte qu'après qu'il lui a promis de l'épouser. Elle proscrit également la représentation sur scène d'actions sanglantes telles que les meurtres et les combats. Non que la mort soit absente des tragédies – mais à défaut d'être donnée à voir, elle est évoquée verbalement, par le récit d'un personnage ayant assisté, hors scène, à l'action sanglante. Seules les morts par suicide sont autorisées sur scène, car le suicide est considéré comme une preuve de courage ; c'est ainsi que Phèdre, après s'être empoisonnée, peut venir expirer devant les spectateurs.

Le célèbre récit de Théramène remplit donc une double fonction : par la transfiguration poétique qu'il fait subir à l'évocation du monstre marin et de la mort d'Hippolyte, il met à distance à la fois le merveilleux païen et la sauvagerie sanguinaire de la scène qu'il évoque. Il permet ainsi à Racine de préserver la force primitive du mythe, tout en respectant les règles de vrai-semblance et de bienséance.

Action et personnages

Action

Comme dans la plupart des tragédies, les protagonistes, trompés (sous l'influence de la fatalité) par les apparences ou par d'autres personnages, sont poussés à déclencher la catastrophe. Ici, abusée par les apparences (Thésée semble mort) et par Œnone, Phèdre se déclare à Hippolyte. Celui-ci avoue à son tour à son père son amour coupable pour Aricie, tout en refu-sant de dénoncer Phèdre. Enfin, Thésée parachève cet engre-nage fatal en demandant aux dieux de punir son fils.

Genre, action, personnages

L'action peut donc se présenter comme suit :

Acte I

Exposition. L'amour de Phèdre pour Hippolyte et celui d'Hippolyte pour Aricie, incompatibles, sont rendus impossibles par Thésée, père d'Hippolyte et époux de Phèdre. Le désordre règne.

Acte II

Thésée étant donné pour mort, un nouvel ordre semble possible : Hippolyte déclare son amour à Aricie et Phèdre déclare son amour à Hippolyte.

Acte III

Coup de théâtre, ou péripétie. Le retour de Thésée bouleverse l'action.

Acte IV

Phèdre est sur le point d'avouer la vérité à son époux mais sa jalousie lorsqu'elle apprend qu'Hippolyte est épris d'Aricie l'en empêche.

Acte V

Dénouement. Phèdre et Hippolyte, auteurs des aveux fatals, meurent. Thésée adopte Aricie et l'ordre est, paradoxalement, rétabli.

Cependant, l'action de *Phèdre* ne se résume pas à un enchaînement linéaire. En profondeur, trois niveaux d'intrigues entrent en interaction : le déroulement événementiel (mort supposée, puis retour de Thésée) se double d'un écheveau sentimental perturbé (Thésée aime Phèdre qui aime Hippolyte qui aime Aricie ; Hippolyte hait Phèdre, Thésée hait Aricie, tandis que Phèdre n'aime plus Thésée) et d'une intrigue proprement politique (la mort supposée de Thésée pose le problème de sa succession : le trône reviendra-t-il à Hippolyte, son fils ? à Phèdre, son épouse ? à Aricie, dernière survivante de la famille des Pallantides, anciens rois d'Athènes ?). Cet entremêlement d'enjeux se manifeste par un réseau de symétries complexe : l'aveu de Phèdre (I, 3) répond à celui d'Hippolyte (I, 1) ; la déclaration de Phèdre à Hippolyte

Genre, action, personnages

(II, 5) répond à celle de ce dernier à Aricie (II, 2) et le monologue tourmenté de Thésée (V, 4) répond à celui de Phèdre (IV, 5).

▌ Personnages

Dans *Phèdre* comme dans toute pièce de théâtre, les « senti-ments » et les « caractères » que traduisent les paroles des per-sonnages possèdent avant tout une fonction dramatique. Ainsi, l'amour d'Hippolyte et d'Aricie, contrarié par Thésée, correspond à un schéma très fréquent dans la tragédie raci-nienne : un roi s'oppose par son pouvoir (familial ou politique) à l'amour de deux jeunes premiers, qui ont chacun un confi-dent. Surtout, l'amour éprouvé par l'héroïne fonde le schéma actantiel suivant : Phèdre peut être considérée comme l'actant principal, poursuivant deux objets incompatibles : Hippolyte (objet concret) et la vertu (objet abstrait). Elle est guidée par deux destinateurs qui tendent à se confondre : Vénus et une fatalité plus vague. Elle a pour adjuvant Œnone, à laquelle s'ajoute un adjuvant abstrait et inanimé, mais puissant : le pouvoir politique dont Phèdre dispose. Elle se heurte en revanche à de multiples opposants : Thésée bien sûr, mais aussi Hippo-lyte lui-même et, plus indirectement, Aricie.

Inversement, c'est par leurs actions et leurs relations que les personnages dévoilent leur « caractère ». À la passion violente et destructrice de Phèdre s'oppose l'amour pur d'Aricie. Au don juan vieillissant qu'est Thésée, s'oppose le jeune, vertueux et intransigeant Hippolyte. Au couple désuni formé par Phèdre et Thésée s'oppose le couple naissant et ardent formé par Aricie et Hippolyte.

Phèdre

Phèdre constitue l'instrument tout trouvé de la vengeance de Vénus : elle lui permet en effet de frapper simultanément le Soleil, ancêtre de Phèdre, et le farouche Hippolyte, qui a pré-féré Diane, déesse de la Chasse et de la Chasteté, à la déesse de l'Amour. Personnage éponyme (alors que Racine avait d'abord intitulé sa pièce *Phèdre et Hippolyte*), elle est pourtant absente de plus de la moitié des scènes. Cependant, elle est omniprésente tout au long de l'action. À peine plus âgée qu'Hippolyte, elle éprouve pour lui une passion scandaleuse, charnelle et obsessionnelle qui la plonge dans une sorte de « mélancolie érotique » (Patrick Dandrey), alternance de langueur et d'exaltation hallucinée. Elle conserve toutefois, par moments, une douloureuse lucidité et une soif désespérée de « pureté » (v. 1644) qu'elle affirme jusqu'à son dernier souffle. Comme elle le proclame elle-même, Phèdre est donc un personnage littéralement monstrueux (v. 703), mélange d'idéalisme et d'inhumanité, en raison de son hérédité maudite (« fille de Minos et de Pasiphaé », v. 36) : à cette monstruosité fait écho le monstre marin envoyé par Neptune pour venger Thésée.

Thésée

Seul des personnages principaux à ne pas avoir de confident, Thésée, autoritaire et tout-puissant, est au cœur du système des personnages comme au cœur de l'action, puisqu'il est à la fois l'époux de Phèdre, le père d'Hippolyte et le maître d'Aricie. Monarque sacralisé, il représente tous les interdits qui s'opposent aux passions des héros (alors qu'il fut lui-même un grand séducteur) : c'est pourquoi l'annonce de sa mort entraîne une déstabilisation fatale de l'ordre du monde. Cependant, il s'avère, en un sens, plus imposant absent (pendant presque trois actes) que présent : omniprésent dans les conversations et les esprits lorsque tous le croient mort, ce héros légendaire révèle ses faiblesses dès son retour. Plus exactement, ce qui faisait sa force se retourne contre lui : incapable de déchiffrer les signes et les êtres, il s'abandonne à une fureur aveugle qui présente tous les traits de l'*hybris* (démesure), faute caractéristique du héros tragique ; en tuant son fils, un monstre anéantit la vie de ce héros tueur de monstres. Toutefois, en adoptant Aricie, Thésée rétablit, tant bien que mal, un nouvel ordre, fondé sur une souveraineté plus pleine, puisque sont réunies par ce geste les deux familles royales d'Athènes.

Hippolyte

Jeune premier farouche, il présente avec Phèdre, non sans paradoxe, de nombreux points communs : comme elle, il parle le langage de la passion interdite (presque contiguës, les scènes 1 et 3 de l'acte I se répondent) et, comme elle, il se montre épris de pureté : en ce sens, il apparaît comme le seul personnage susceptible de susciter l'amour de celle qui est pourtant sa belle-mère. Pourtant, là où la passion de Phèdre met en péril l'un des fondements de l'ordre établi (la morale sexuelle), l'amour d'Hippolyte, qui ne met en péril que l'autorité d'un roi particulier (voire d'un de ses commandements), pourrait être intégré dans un ordre nouveau (celui qu'aurait inauguré la mort de Thésée). Malheureusement, complexé par la figure glorieuse et autoritaire de son père, Hippolyte se montre incapable de parler pour assurer sa défense et faire triompher la vérité ; son silence le conduit à la mort.

Aricie

Comme pour augmenter encore le malheur de Phèdre, Aricie parvient à concilier les deux aspirations inconciliables qui déchirent l'héroïne : l'innocence vertueuse et l'amour d'Hippolyte. L'amour raisonnable et pur d'Aricie pour Hippolyte, s'exprimant dans un langage maîtrisé, galant et quelque peu convenu, s'oppose à la passion interdite et dévastatrice de Phèdre pour son beau-fils.

L'amour d'Aricie revêt également une dimension politique : si elle se marie, elle pourra donner des héritiers à la famille des Pallantides, que Thésée veut écarter à jamais du trône. Marque de l'avènement d'un ordre nouveau, Aricie est finalement associée par Thésée au trône d'Athènes.

Genre, action, personnages

Œnone

Contrairement à la confidente traditionnelle, Œnone ne se borne pas à recueillir les aveux et les sentiments de sa maîtresse. Elle participe activement à l'action, en s'employant à rendre possible l'amour qu'éprouve Phèdre pour Hippolyte. Pourtant, dévouée corps et âme à sa maîtresse (qu'elle est, en somme, la seule à aimer), elle semble détester ce rival et n'hésite pas à le dénoncer. Plus qu'un double négatif de sa maîtresse auquel seraient déléguées toutes les actions dégradantes, elle incarne à la fois le principe de réalité et l'instinct de (sur)vie qui s'opposent à la passion de Phèdre. Cependant, dans l'univers tragique, toute compromission avec le trivial ne peut mener qu'à la catastrophe : lorsque toute issue s'avère condamnée, Œnone se donne la mort en se jetant dans la mer – annonçant par là le suicide de sa maîtresse.

Théramène

Fidèle confident d'Hippolyte, il n'intervient pas directement dans l'action, même s'il contribue à la catastrophe en encourageant son maître (quoique moins explicitement qu'Œnone) à suivre son amour. Il prend une importance nouvelle après la mort d'Hippolyte, dont il fait exécuter la volonté.

L'œuvre : origines et prolongements

Le mythe de Phèdre : une version parmi d'autres d'une légende universelle

LE MYTHE de Phèdre peut être envisagé en premier lieu comme une simple variante de la légende universelle de la « Tentatrice-Accusatrice » (Paul Bénichou), dont un des avatars les plus célèbres figure dans la Bible, au livre de la Genèse : en se dérobant aux avances de la femme de son maître Putiphar, Joseph laisse entre les mains de cette dernière un pan de son habit ; prompte à se venger de l'affront, l'épouse infidèle se sert alors de ce vêtement pour accuser Joseph d'avoir voulu la violer, et pour le perdre ainsi auprès de Putiphar.

LES RESSEMBLANCES entre cet épisode biblique et le mythe de Phèdre illustré par Racine sont des plus évidentes : de l'un à l'autre, Hippolyte a simplement remplacé Joseph ; Thésée, Putiphar ; Phèdre, l'épouse de Putiphar ; et l'épée d'Hippolyte, l'habit de Joseph. Pour le reste, les ressorts de l'intrigue apparaissent inchangés : dans les deux cas, il n'est question que d'adultère, de calomnie et du danger qu'il y a à trahir ceux auxquels on doit en principe la plus grande fidélité (Putiphar pour Joseph, et Thésée pour Hippolyte).

À DEUX TITRES au moins, pourtant, le mythe de Phèdre et d'Hippolyte se distingue du récit de la Genèse : d'une part, en raison de la nature bien spécifique des rapports unissant Thésée à Hippolyte (rapports père-fils et non maître-esclave) ; d'autre part, en raison de la très importante tradition dans laquelle s'enracine le mythe grec.

L'œuvre : origines et prolongements

Antiquité du mythe de Phèdre

Ce dernier point est décisif. De fait, en choisissant de mettre en scène l'histoire de Phèdre et d'Hippolyte, Racine n'entendait pas faire preuve d'originalité, mais se confronter à un sujet légendaire maintes fois traité avant lui et qui lui permettrait dès lors de dialoguer, voire de rivaliser, avec ces « grands hommes de l'Antiquité » qu'il s'était donnés « pour modèles » (*Préface* de *Britannicus*) et qui avaient en leur temps proposé des versions particulièrement accomplies du mythe concerné.

Le mythe de Phèdre et d'Hippolyte est en effet d'une très haute antiquité. On en trouve une des premières attestations dans un passage de l'*Odyssée* d'Homère, rédigé selon toute vraisemblance aux alentours du vi^e siècle avant J.-C. : Phèdre y apparaît à Ulysse dans le pays des morts, entourée de plusieurs autres femmes célèbres pour leurs amours, et si rien n'est alors dit de son passé, le contexte même de son apparition semble du moins suggérer que son histoire était déjà bien connue par le public de cette époque.

L'évocation par Pausanias d'une célèbre fresque de Polygnote (*Description de la Grèce*, X, 29) nous fournit une information bien plus précise sur la façon dont est perçu le personnage un siècle plus tard. Au ve siècle avant J.-C., en effet, dans sa fameuse *Descente d'Ulysse aux Enfers*, le peintre grec avait pris soin de représenter Phèdre en la rangeant dans un groupe de femmes toutes coupables pour différents motifs : indice que la passion vécue par celle-ci apparaissait déjà condamnable aux Grecs de l'époque classique.

Les deux versions du mythe selon Euripide

Si précieux soient ces deux premiers témoignages, c'est avec les dramaturges antiques que le mythe de Phèdre fait pour nous sa véritable entrée dans la littérature, en devenant à lui seul sujet de tragédie.

L'œuvre : origines et prolongements

Pɪᴏɴɴɪᴇʀ à cet égard, Euripide lui a successivement consacré deux pièces. De la première d'entre elles, *Hippolyte voilé*, il ne nous reste qu'une cinquantaine de vers, dont la teneur suffit néanmoins à comprendre les remous provoqués par la tragédie au moment de sa sortie (environ 432 avant J.-C.) : indifférente à toute forme de bienséance, Phèdre y avouait directement son amour à Hippolyte puis, exaspérée par son refus, n'hésitait pas à le calomnier elle-même auprès de Thésée.

Dᴀɴs ʟᴀ sᴇᴄᴏɴᴅᴇ ᴘɪÈᴄᴇ qu'il consacre au mythe quatre ans plus tard, *Hippolyte porte-couronne*, Euripide revient sur de tels excès. Phèdre n'est plus désormais présentée comme une femme coupable de lubricité, mais comme la victime malheu-reuse d'une Aphrodite (Vénus) jalouse d'Artémis (Diane). La structure de la pièce est à ce titre éloquente : comme en témoignent la tirade liminaire d'Aphrodite et la tirade conclu-sive d'Artémis, l'accent est clairement mis par le dramaturge sur la rivalité des deux déesses, et non plus sur le crime de Phèdre. Celui-ci n'apparaît d'ailleurs plus si considérable que dans *Hippolyte voilé*. Dès lors, c'est à Œnone d'avouer à Hippo-lyte l'amour incestueux que lui voue sa maîtresse. Foncière-ment chaste et douloureusement inquiète de son honneur, Phèdre est pour sa part constamment submergée par la honte que lui inspire sa passion. Elle finit par se donner la mort vers le milieu de la pièce, croyant ainsi disparaître avec son secret.

Dᴀɴs ᴄᴇᴛᴛᴇ sᴇᴄᴏɴᴅᴇ ᴠᴇʀsɪᴏɴ du mythe se trouvent donc supprimés les éléments d'*Hippolyte voilé* qui avaient pu choquer le public athénien et nourrir cette réputation de miso-gynie dont Euripide ne se défit jamais : vingt ans plus tard, Aristophane raillait encore en lui cet « homme qui choisit pour sujets tout ce qu'il y a de femmes coupables, des Mélanippe, et des Phèdre, mais de Pénélope jamais, parce qu'elle passait pour une femme vertueuse » (*Les Thesmophories,* vers 412 avant J.-C.).

L'œuvre : origines et prolongements

La Phèdre amoureuse des Héroïdes

Dans la seconde moitié du premier siècle avant J.-C., pour autant, lorsque Ovide s'attelle à son tour au mythe de Phèdre dans ses *Héroïdes*, il n'est assurément plus question de misogynie : la fille de Minos et de Pasiphaé se retrouve désormais en compagnie de Didon, de Pénélope et de Sapho, placée au rang des grandes amoureuses, et le poète ménage d'un bout à l'autre de son poème une émotion des plus poignantes.

S'inspirant vraisemblablement de la scène de l'aveu d'*Hippolyte voilé*, il imagine une lettre où Phèdre confesserait librement à Hippolyte l'amour brûlant qu'elle lui porte. L'amante y fait ainsi résonner toutes les cordes de sa lyre amoureuse et passe indifféremment de la supplique humiliée à l'extase érotique, de l'expression de la douleur la plus nue à celle de la joie la plus triomphante.

Trait significatif, le seul sentiment qu'elle semble finalement refuser d'éprouver est désormais la culpabilité. Comme elle l'écrit à Hippolyte, « nulle faute, et tu peux t'en enquérir, n'a terni ma renommée. [...] Si toutefois cette pureté native d'un cœur qui ne connut jamais le crime doit être souillée d'une tache inaccoutumée, je suis heureuse de brûler d'un feu digne de moi. » Du reste, poursuit-elle, Thésée, qui ne reviendra sans doute jamais des Enfers, s'est toujours montré bien trop coupable envers son épouse et son fils pour que ceux-ci puissent encore hésiter à le trahir à leur tour. Et quels « vains préjugés », quel « scrupule suranné » devraient alors retenir Hippolyte de s'unir à sa belle-mère ? Dans un dernier élan de persuasion, celle-ci le lui rappelle pour finir : « Jupiter a légitimé tout ce qui peut plaire, et l'hymen de la sœur avec le frère rend tout licite ».

La Phèdre de Sénèque : hystérie et fureur

Toutes à leur amour, la Phèdre de l'*Hippolyte voilé* et celle des *Héroïdes* qui s'en inspire vraisemblablement annoncent

L'œuvre : origines et prolongements

l'une et l'autre la Phèdre sensuelle, impudique et déchaînée de la tragédie de Sénèque (environ 50 après J.-C.).

Mise au premier plan, affranchie de toute pudeur, l'héroïne de la pièce prend tout d'abord l'initiative de déclarer elle-même à Hippolyte l'amour qu'elle éprouve pour lui ; elle n'hésite pas ensuite à le calomnier auprès de Thésée revenu des Enfers, en faisant valoir le glaive abandonné par le jeune homme alors qu'il fuyait ses avances ; elle assume enfin, pour la première fois dans l'histoire du mythe, l'aveu public de sa faute, avant de se donner la mort sur le cadavre d'Hippolyte.

Parce qu'il s'agit avant tout de montrer, du point de vue stoïcien de Sénèque, les ravages dont est capable la passion, aucun procédé ne semble trop fort pour représenter Phèdre dans toute sa fureur. L'insistance sur la manière dont le corps des personnages vient à trahir leurs émotions est à ce titre particulièrement éloquente. Telle que nous la décrit sa nourrice, Phèdre « est consumée par une chaleur silencieuse et elle a beau l'enfermer en elle, faire effort pour la cacher, sa folie furieuse est trahie par son visage ; de ses yeux jaillit du feu, ses paupières lasses refusent la lumière ». Telle que Phèdre elle-même se décrit encore à Hippolyte, « le feu dévorant de l'amour bouillonne dans [s]on sein ; [s]on cœur est en proie à toute la violence de l'amour. Cette ardeur cruelle a pénétré jusqu'au fond de [s]on sein ; elle consume [s]es entrailles, elle pénètre dans [s]es veines, comme la flamme rapide se répand dans un édifice et en dévore toutes les parties ». Une imagination violente et baroque jointe à un sens aigu du détail expressif sert ainsi la mise en procès des passions : informe, sanglant, atrocement mutilé par le monstre envoyé par Neptune, le cadavre d'Hippolyte tel qu'on le rapporte à Thésée se veut lui-même l'image ignoble et révoltante des amours incestueuses de Phèdre.

L'œuvre : origines et prolongements

Un affadissement progressif

L'ORIGINALITÉ de Racine en son temps est notamment de s'être employé à retrouver ce qui faisait la force et la violence du mythe de Phèdre chez les auteurs tragiques de l'Antiquité, et d'avoir su tourner le dos aux multiples versions affadies qu'en avaient proposées avant lui les XVIᵉ et XVIIᵉ siècles.

L'HIPPOLYTE, *fils de Thésée* composé en 1573 par Robert Garnier prenait déjà quelques distances avec la *Phèdre* de Sénèque dont il s'inspirait par ailleurs : jugeant trop simple l'intrigue de départ, Garnier y ajoutait quelques péripéties, décidait de remettre au premier plan le personnage d'Hippolyte, renonçait cependant à exhiber au dernier acte le corps mutilé du jeune homme, et s'attachait enfin à évoquer une Phèdre plus humble, moins excessive et, en un mot, moins coupable qu'elle ne paraissait chez Sénèque.

SOIXANTE ANS PLUS TARD, l'*Hippolyte* (1635) de Guérin de la Pinelière manifeste un éloignement croissant du modèle antique. Si sa principale source demeure la *Phèdre* de Sénèque, les concessions à l'air du temps s'y font pourtant de plus en plus sensibles et la galanterie y prend le pas sur la violence du mythe athénien. « L'amour », y déplore-t-on avec préciosité, « fane souvent les roses / Qui sont sur un beau teint dans la jeunesse éclose, / Mais il flatte l'esprit et bannit les douleurs. / N'est-ce pas proprement faire du miel des fleurs ? » : l'inspiration du mythe originel est désormais trahie par l'ambiance de cour.

ELLE LE SERA bien davantage peu de temps après, dans l'*Hippolyte ou le garçon insensible* (1646) de Gabriel Gilbert, puis dans l'*Hippolyte* (1675) de Mathieu Bidar : reculant manifestement devant le thème de l'inceste, les dramaturges y font de Phèdre, non plus l'épouse, mais la fiancée de Thésée. Ils transforment Hippolyte en galant homme épris de l'amante de son père et la jalousie devient l'un des principaux moteurs de l'action.

L'œuvre : origines et prolongements

La synthèse racinienne : se réapproprier sans trahir

L'AIR DU TEMPS, il est vrai, baigne également la *Phèdre* de Racine. Ainsi, Hippolyte n'y paraît plus ce chasseur misogyne tout entier absorbé par le culte de Diane : familière aux contemporains d'Euripide et de Sénèque, la psychologie d'un tel personnage eût par trop dérouté les spectateurs de 1677. De la sorte, quoique « farouche » et « sauvage », conformément au mythe, l'Hippolyte de *Phèdre* n'en est pas moins ce tendre héros amoureux d'Aricie, rompu à l'usage des métaphores précieuses et du vocabulaire galant.

DE LA MÊME MANIÈRE, le souci de bienséance n'est pas étranger à Racine et il l'engage régulièrement à se démarquer de ses modèles antiques. Comme ses contemporains, le dramaturge se refuse par exemple à reprendre à Sénèque la scène où l'on venait apporter à Thésée les membres épars de son fils ; il renonce également à suivre Euripide et Sénèque, lorsque ceux-ci n'hésitaient pas à faire peser sur Hippolyte des accusations de viol : désormais, insiste Racine dans la *Préface* de sa pièce, le fils de Thésée ne sera plus coupable d'un acte, mais seulement d'un « dessein ».

POUR AUTANT, le respect de la bienséance et la relative soumission à l'air du temps dont ce respect témoigne semblent bien moins dictés par la complaisance de Racine envers son époque que par des raisons proprement dramaturgiques. L'introduction dans *Phèdre* du personnage d'Aricie, par exemple, emprunté à Virgile et à Philostrate, vise sans doute moins à faire d'Hippolyte un aimable berger qu'à le confronter violemment à l'interdit de Thésée, en engageant dès lors le spectateur à reconnaître en lui un double pour le moins complexe et ambigu de Phèdre – l'un et l'autre victimes de Vénus : en tout état de cause, naturellement appelée à séduire les contemporains de Racine, cette innovation n'implique donc pas pour autant l'édulcoration du mythe originel.

L'œuvre : origines et prolongements

L'IMPORTANCE accordée à l'intégrité de ce dernier l'emporte d'ailleurs très clairement dans *Phèdre* sur le souci des bienséances : la preuve la plus éclatante en est l'attention de Racine à remarier Phèdre à Thésée et à remettre ainsi le thème de l'inceste au centre même de sa pièce, avec une audace inédite en son siècle.

MÊME INFLUENCÉ par ses plus proches devanciers, Racine s'est ainsi toujours gardé de véritablement trahir ses modèles antiques. Significativement, sa pièce reprend du reste, jusqu'à l'épée, la plupart des éléments dramatiques de la tragédie de Sénèque. De plus, si elle enrichit très nettement l'approche psychologique de l'héroïne proposée par ce dernier, c'est, pour l'essentiel, en empruntant à la Phèdre du second Euripide son cruel sens de la faute et de la pureté. Cette habile combinaison des deux versions grecque et romaine du mythe de Phèdre, ainsi que l'effort de stylisation déployé pour mettre en perspective l'extraordinaire puissance du matériau antique avec la culture la plus raffinée du siècle de Louis XIV, constitue, à n'en pas douter, une part décisive de l'originalité de la tragédie racinienne.

Derniers feux

LES VERSIONS SUIVANTES du drame de Phèdre présentent en comparaison bien peu d'intérêt.

JACQUES PRADON, l'auteur de *Phèdre et Hippolyte* (1677) et à jamais le rival malheureux de Racine, vole à ce dernier l'idée d'introduire dans sa pièce le personnage d'Aricie ; mais il choisit de faire de celle-ci l'amante d'Hippolyte et la confidente de Phèdre, ce qui l'oblige à compliquer l'action de sa pièce en cumulant les invraisemblances. Parallèlement, Pradon se prive du ressort dramaturgique de la calomnie, mais exploite à l'envi celui de la jalousie. Enfin, suivant Gilbert et Bidar, il juge préférable de ne pas s'encombrer du thème de l'inceste et persiste à faire de Phèdre la fiancée de Thésée.

L'œuvre : origines et prolongements

Sa pièce devait sortir en même temps que celle de Racine de manière à lui faire de l'ombre : elle lui fut préférée sur le moment puis tomba dans l'oubli.

Le livret composé soixante ans plus tard pour *Hippolyte et Aricie* (1733), le splendide opéra de Rameau, n'est guère plus enthousiasmant. L'abbé Pellegrin qui en est l'auteur fait de l'innovation racinienne (l'amour impossible d'Hippolyte et Aricie) le cœur de son intrigue et accorde la plus grande attention au traitement mythologique du sujet. Mais le livret consacre en définitive le triomphe de l'Amour et tout y apparaît surtout prétexte à verser dans la pastorale en multipliant les épisodes merveilleux (Thésée aux enfers, apparitions de Diane, résurrection d'Hippolyte) comme l'exigeait le genre de l'opéra baroque.

Aussi scabreuse et triviale qu'irrésistible de drôlerie, la parodie burlesque de *Phèdre* écrite par Francis Blanche au début du xxᵉ siècle n'a, quant à elle, plus la moindre ambition cathartique. Longtemps rodée dans les cabarets où elle remporta un vif succès, elle n'aspirait qu'à faire rire et y parvint fort bien : la franche hilarité qu'elle suscite encore aujourd'hui prouve paradoxalement l'importance que la pièce de Racine continue de revêtir au sein du panthéon littéraire français.

Interprétations

Au cours de la seconde moitié du xxᵉ siècle, l'œuvre de Jean Racine a notamment suscité trois types d'approches critiques.

Conjuguant perspectives structurale et psychanalytique, le *Sur Racine* (1963) de Roland Barthes a proposé de voir dans le « rapport d'autorité » suivant une des structures invariantes du théâtre racinien : A (le Père, assimilable à un Dieu terrible et vengeur) possède tout pouvoir sur B (le Fils, assimilable à la créature) ; A aime B, qui ne l'aime pas ; B est en outre redevable à A, donc ingrat s'il lui résiste ; il sera le plus souvent

L'œuvre : origines et prolongements

poussé à se faire lui-même coupable, pour décharger A de toute culpabilité. Très contestée dans son ensemble, cette analyse permet en tout état de cause de construire une lecture très stimulante, sinon toujours parfaitement convaincante, de *Phèdre*.

C'EST ÉGALEMENT de la psychanalyse que s'est inspiré Charles Mauron. Dans *L'Inconscient dans l'œuvre et la vie de Jean Racine* (1957), le critique présente Aricie comme le « moi » d'Hippolyte, substitut à l'amour inavouable que le jeune homme éprouve en réalité pour Phèdre. Celle-ci se voit quant à elle désignée comme l'incarnation du « ça » d'Hippolyte, inconscient anarchique et criminel. Selon Mauron, la tragédie s'organise donc autour d'Hippolyte, et représente l'échec du « moi » tentant de se soustraire au « ça » (Phèdre) et de trouver un accord avec le « surmoi » (Thésée).

ENFIN, dans *Le Dieu caché* (1959), Lucien Goldmann s'est attaché à mettre au jour les soubassements sociologiques de la vision du monde sous-tendant selon lui les œuvres de Racine. À ses yeux, *Phèdre* traduirait ainsi l'illusion (passagère) des jansénistes de pouvoir vivre dans le monde en s'accordant avec les pouvoirs monarchique et ecclésiastique. Plus largement, la désillusion fatale de Phèdre pourrait se concevoir, dans cette même perspective, comme celle de tout héros tragique : s'apercevoir à ses dépens qu'on ne peut « vivre dans le monde en lui imposant ses propres lois, sans choisir et sans rien abandonner ».

L'œuvre et ses représentations

Le temps des actrices

L'art de la déclamation : la Champmeslé

Phèdre fut créée par la troupe royale le premier janvier 1677 à l'Hôtel de Bourgogne. On sait peu de choses de la mise en scène alors proposée au public, sinon que les acteurs disposaient de la chaise exigée par la didascalie du vers 157 (« elle s'assied »), qu'un palais voûté était peint sur la toile de fond faisant face au spectateur et que Phèdre était vêtue en romaine.

Cependant, la performance de l'actrice incarnant Phèdre a durablement marqué les esprits : maîtresse de Racine, Marie Desmares Champmeslé était alors « la » tragédienne de son siècle, tant en raison de sa voix mélodieuse, que de son art de la déclamation. Il semble que Racine lui ait encore fait répéter son rôle vers après vers, de manière à lui faire atteindre l'idéal d'un certain « chant parlé », proche des récitatifs de l'opéra : loin de tout naturalisme, la performance de la Champmeslé privilégiait dès lors un jeu dont l'artifice servait la poésie de l'œuvre, tout en obligeant l'actrice à intérioriser les émotions requises par son rôle.

Ce primat accordé au rôle de Phèdre a longtemps caractérisé les mises en scène de la pièce. Du fait de sa longueur (500 vers) et de la vaste palette d'émotions qu'il permet d'exprimer, le rôle s'est d'ailleurs vite imposé comme « le morceau de choix » – et le rite de passage obligé – des grandes tragédiennes élues par chaque époque : ainsi, Phèdre n'a longtemps été qu'une occasion de performance pour les « monstres sacrés » en jouant le rôle-titre.

Les affres de l'émotion : Mlle Clairon

La Clairon, qui s'illustra dans *Phèdre* dès 1743, fut assurément l'un d'entre eux. Ses *Mémoires* témoignent de l'importance de sa réflexion sur la meilleure manière d'incarner le personnage, tantôt livré à la douleur majestueuse de ses larmes, tantôt abandonné à cette « espèce d'ivresse » et « de délire que peut offrir une somnambule conservant dans les bras du sommeil le souvenir du feu qui la consume en veillant ». « Coups d'œil enflammés, et réprimés au même instant », gestes languides soulignés par une voix basse et tremblante, l'interprétation de la Clairon fut aussitôt saluée par un public sensible à l'expressivité avec laquelle se trouvaient ainsi traduits l'égarement et la détresse du personnage.

Un mime tragique : Rachel

Petite, maigre, le visage troué par deux yeux noirs étrangement magnétiques, la Phèdre incarnée par Rachel dès 1843 jouit également d'une faveur, voire d'un culte, considérable. Admirée par Musset qui la décrivit le visage « éclairé » par « le génie de Racine » au moment de déclamer son rôle (*Un souper chez mademoiselle Rachel*, 1839), célébrée par Théophile Gautier, qui voyait en elle « la *Phèdre* d'Euripide, non plus celle de Racine » et « plutôt un mime tragique qu'une tragédienne dans le sens qu'on attache à ce mot », Rachel parvint, suivant un rituel immuable, à un parfait équilibre entre la grandeur mythologique du personnage et le réalisme des passions exprimées par celui-ci.

L'art de Sarah Bernhardt

Sarah Bernhardt, enfin, est sans doute la dernière Phèdre mythique du théâtre français. De 1874 à 1914, elle reprend régulièrement le rôle avec un éclatant succès. L'évoquant dans sa *Recherche* (1913), à travers le personnage de la Berma, Marcel Proust loua en elle non seulement son « timbre, d'une limpidité étrange, appropriée et froide », mais encore son « attitude en scène », faite « de raisonnements ayant perdu leur origine volontaire, fondus dans une sorte de rayonnement où ils faisaient palpiter, autour du personnage de Phèdre, des éléments riches et complexes, mais que le spectateur fasciné prenait, non pour une réussite de l'artiste, mais pour une donnée de la vie ».

L'œuvre et ses représentations

Aussi les représentations de *Phèdre* semblaient-elles alors moins l'occasion de redécouvrir la pièce de Racine en tant que telle, que d'admirer, à travers l'interprétation de Sarah Bernhardt, « une seconde œuvre vivifiée aussi par le génie ».

Le temps des metteurs en scène

Une « symphonie pour orchestre d'acteurs » : Barrault

Le XXe siècle marque une rupture dans la façon de représenter *Phèdre* au théâtre : l'importance du metteur en scène prend le pas sur celle de l'actrice jouant le rôle-titre et l'attention du spectateur est dès lors amenée à s'attacher aux autres personnages de la pièce.

La *Phèdre* de Jean-Louis Barrault (1946) est en ce sens pionnière. La mise en scène accorde tout d'abord une part prépondérante à l'éclairage : « projecteurs saignants » communiquant « l'impression brûlante » du soleil crétois, ombres « chaudes » enveloppant Phèdre et ses invocations à Vénus et, face aux yeux du spectateur, « un point lointain mais lumineux d'une sortie possible. Un coin de ciel comme un désir permanent » (J.-L. Barrault, *Mise en scène de « Phèdre »*, Seuil, 1972). Autrefois concentré sur la seule héroïne de la pièce, l'œil du spectateur s'ouvre ainsi désormais à l'espace entier du plateau, et donc à ses différents occupants : au-delà de la simple attention portée au décor, un des grands mérites de la mise en scène de Barrault est en effet d'avoir montré qu'Œnone, Hippolyte et Aricie n'étaient pas de simples faire-valoir de l'épouse de Thésée. Ainsi « réentoilée », selon les mots de Paul Claudel, *Phèdre* pouvait alors redevenir la « tragédie à huit personnages » qu'elle avait trop rarement été jusque-là.

Des mises en scène engagées : Vitez, Delbée

À la suite de cette redécouverte et du renouveau des études raciniennes impulsé par la nouvelle critique, divers metteurs en scène ont proposé récemment des interprétations plus personnelles et plus engagées de la pièce.

Ouvertement politique apparaît par exemple la lecture risquée par Antoine Vitez en 1975 : en déplaçant l'ambiance délétère de la cour de Trézène dans le luxe compassé des salons de Versailles et en faisant du trône de Thésée (tantôt vide, tantôt renversé par Phèdre) un élément central du décor, Vitez montait clairement *Phèdre* comme une réflexion inquiète sur la monarchie absolue.

Non moins contestable peut-être, mais aussi non moins stimulante, fut également la mise en scène d'Anne Delbée en 1995. Statues de chevaux cabrés figurant la force des passions, Thésée revenant d'entre les morts un chapelet au poing, Phèdre enfant du Soleil se roulant nue dans la neige, puis surgissant au dernier acte en bure blanche avec le scapulaire de Port-Royal : au moyen d'images fortes se trouvait dès lors clairement illustrée la tension supposée de la pièce entre l'exubérance des passions exprimées par le corps même de ses personnages et l'austère sévérité de son imaginaire janséniste.

Le langage de la chair : Chéreau

Insistant à son tour sur l'importance des corps et de ses sécrétions dans le théâtre racinien (la salive de Phèdre, le sang d'Hippolyte...), la *Phèdre* de Patrice Chéreau (2003) prend ses distances avec la lecture « religieuse » de la pièce proposée par Anne Delbée. Le metteur en scène s'y attache en effet à retrouver la dimension tragique de l'œuvre, mais sans verser pour autant dans le hiératisme figé de la cérémonie antique. D'une part, les personnages sont régulièrement enfermés dans un halo de lumière dont ils ne peuvent s'échapper ; d'autre part, leur diction très naturelle de l'alexandrin ainsi que leurs déplacements au milieu même des spectateurs créent entre eux et le public un effet de grande proximité.

Nada Strancar (Phèdre) et Christine Gagnieux (Œnone).
Mise en scène de Antoine Vitez, Théâtre d'Ivry, 1975.

Catherine Samie (Panope). Mise en scène de Anne Delbée,
Comédie-Française, 1995. Costumes de Christian Lacroix.

Dominique Blanc est Phèdre. Mise en scène de Patrice Chéreau,
Odéon-Théâtre de l'Europe, janvier 2003.

Pascal Greggory (Thésée) et Éric Ruf (Hippolyte).
Mise en scène de Patrice Chéreau,
Odéon-Théâtre de l'Europe, janvier 2003.

L'œuvre à l'examen

À l' **écrit** **Objet d'étude :** le théâtre, texte et représentation.

TEXTE 1

Robert Garnier, *Hippolyte, fils de Thésée,* acte V, vers 2169-2260.

Phèdre se lamente sur la dépouille d'Hippolyte.

PHÈDRE

Ô crédule Thésée, et par mon faux rapport
Fait coupable du sang de ce pauvre homme mort !
Apprenez de ne croire aux plaintes sanguinaires
Que vous font méchamment vos femmes adultères.
Hippolyte, Hippolyte, hélas, je romps le cours
Par une ardente amour de vos pudiques jours.
Pardonnez-moi, ma vie, et sous ma sépulture
N'enfermez indigné cette implacable injure.
Je suis votre homicide, Hippolyte, je suis
Celle qui vous enferme aux infernales nuits ;
Mais de mon sang lascif je vais purger l'offense
Que j'ai commise à tort contre votre innocence.
Ô terre, crève-toi, crève-toi, fends ton sein,
Et m'engloutis cruelle en un gouffre inhumain.
Et toi, porte-trident, Neptune, roi des ondes,
Que n'as-tu déchaîné tes troupes vagabondes
Contre mon traître chef, plutôt que par un vœu
Fait d'un homme crédule occire ton neveu.
Je suis seule coupable, et suis la malheureuse
Qui t'ait fait dépouiller cette âme vertueuse.
Que plût aux justes dieux que jamais du soleil
Naissant je n'eusse vu le visage vermeil !
Ou si je l'eusse vu, qu'une rousse lionne

L'œuvre à l'examen

M'eût petite engloutie dans sa gorge félonne,
Afin que, dévorée en cet âge innocent,
Je ne fusse aujourd'hui ce beau corps meurtrissant !
Ô moi, pire cent fois que ce monstre, mon frère,
Ce monstre homme-taureau, déshonneur de ma mère !
Thésée s'en peut garder, mais de mon cœur malin
Vous n'avez, Hippolyte, évité le venin.
Les bêtes des forêts, tant fussent-elles fières,
Les sangliers, les lions, les ourses montagnières,
N'ont pu vous offenser, et moi, d'un parler feint
Irritant votre père ai votre jour éteint.
Las ! où est ce beau front ? où est ce beau visage ?
Ces beaux yeux martyrans, notre commun dommage ?
Où est ce teint d'albâtre, où est ce brave port,
Hélas ! hélas ! où sont ces beautés, notre mort ?
Ce n'est plus vous, mon cœur, ce n'est plus Hippolyte :
Las, avec sa vie, sa beauté est détruite.
Or recevez mes pleurs, et n'allez reboutant
La chaste affection de mon cœur repentant.
Recevez mes soupirs et souffrez que je touche
De ce dernier baiser à votre tendre bouche.
Belle âme, si encore vous habitez ce corps,
Et que tout sentiment n'ayez tiré dehors,
S'il y demeure encor de vous quelque partie,
Si vous n'êtes encore de lui toute partie,
Je vous prie, ombres saintes, avec genoux pliés,
Les bras croisés sur vous, mes fautes oubliez.
Je n'ai point de regret de ce que je trépasse,
Mais de quoi trépassant, je n'ai pas votre grâce :
La mort m'est agréable, et me plaît de mourir.
Las ! et que puis-je moins qu'ore à la mort courir,
Ayant perdu ma vie, et l'ayant, malheureuse,
Perdue par ma faute, en ardeur amoureuse ?
Le destin envieux et cruel n'a permis
Que nous puissions vivants nous embrasser amis.

L'œuvre à l'examen

Las ! qu'il permette au moins que de nos âmes vides
Nos corps se puissent joindre aux sépulcres humides.
Ne me refusez point, Hippolyte : je veux
Amortir de mon sang mes impudiques feux.
Mes propos ne sont plus d'amoureuse détresse ;
Je n'ai rien de lascif qui votre âme reblesse ;
Oyez-moi hardiment, je veux vous requérir
Pardon de mon méfait, devant que de mourir.
Ô la plus belle vie, et plus noble de celles
Qui pendent aux fuseaux des fatales Pucelles !
Ô digne, non de vivre en ce rond vicieux,
Mais au ciel, nouvel astre entre les demi-dieux !
Las ! vous êtes éteinte, ô belle et chère vie,
Et plutôt qu'il ne faut, vous nous êtes ravie !
Comme une belle fleur, qui ne faisant encor
Qu'entrouvrir à demi son odoreux trésor,
Atteinte d'une grêle à bas tombe fanie
Devant que d'étaler sa richesse épanie.
Or sus, flambante épée, or sus, apprête-toi,
Fidèle à ton seigneur, de te venger de moi :
Plonge-toi, trempe-toi jusques à la pommelle
Dans mon sang, le repas de mon âme bourrelle.
Mon cœur, que trembles-tu ? quelle soudaine horreur,
Quelle horreur frissonnant alentit ta fureur ?
Quelle affreuse Mégère à mes yeux se présente ?
Quels serpents encordés, quelle torche flambante ?
Quelle rive écumeuse, et quel fleuve grondant,
Quelle rouge fournaise horriblement ardant ?
Ha ! ce sont les Enfers, ce les sont, ils m'attendent,
Et pour me recevoir leurs cavernes ils fendent.
Adieu, soleil luisant, soleil luisant, adieu !
Adieu, triste Thésée ! adieu, funèbre lieu !
Il est temps de mourir ; sus que mon sang ondoie
Sur ce corps trépassé, courant d'une grand plaie.

L'œuvre à l'examen

TEXTE 2

Jean Racine, *Phèdre*,
acte V, scène dernière.

Phèdre vient mourir sur scène en avouant sa faute après la mort de Thésée.

TEXTE 3

Simon-Joseph Pellegrin,
Hippolyte et Aricie
(livret de l'opéra de Rameau),
acte IV, scène 4.

Phèdre se lamente sur la mort d'Hippolyte.

PHÈDRE
Quelle plainte en ces lieux m'appelle ?

CHŒUR
Hippolyte n'est plus.

PHÈDRE
Il n'est plus ! ô douleur mortelle !

CHŒUR
Ô regrets superflus !

PHÈDRE
Quel sort l'a fait tomber dans la nuit éternelle ?

CHŒUR
Un monstre furieux, sorti du sein des flots,
Vient de nous ravir ce héros.

PHÈDRE
Non, sa mort est mon seul ouvrage ;
Dans les Enfers, c'est par moi qu'il descend ;
Neptune, de Thésée, a cru venger l'outrage,

L'œuvre à l'examen

J'ai versé le sang innocent.
Qu'ai-je fait ! quels remords ! ciel ! j'entends le tonnerre.
Quel bruit ! quels terribles éclats !
Fuyons ! où me cacher ? Je sens trembler la terre ;
Les Enfers s'ouvrent sous mes pas.
Tous les dieux conjurés pour me livrer la guerre,
Arment leurs redoutables bras.
Dieux cruels, vengeurs implacables,
Suspendez un courroux qui me glace d'effroi ;
Ah ! si vous êtes équitables,
Ne tonnez pas encore sur moi ;
La gloire d'un héros que l'injustice opprime
Vous demande un juste secours.
Laissez-moi révéler à l'auteur de ses jours
Et son innocence et mon crime !

CHŒUR
Ô remords superflus !
Hippolyte n'est plus !

TEXTE 4

Francis Blanche, *Phèdre*
(http://pierredac.free.fr/phedre.htm).

Hippolyte, ayant repoussé les avances de Phèdre, décide de quitter la scène.

HIPPOLYTE
Assez, je pars, adieu !

PHÈDRE
Ah ! Funèbres alarmes !
Voilà donc tout l'effet que t'inspirent mes charmes ?
J'attirerai sur toi la colère des dieux
Afin qu'ils te la coupent !

L'œuvre à l'examen

HIPPOLYTE
Quoi, la tête ?

PHÈDRE
Non, bien mieux !

HIPPOLYTE
Vous êtes bien la fille de Pasiphaé !

PHÈDRE
Et toi va par les Grecs t'faire empasiphaer !
Sinusite et Pet-de-Nonne venez sacré's bougresses
Calmez mon désespoir, soutenez ma faiblesse...
Pet-de-Nonne
Elle respire à peine, elle va s'étouffer...

PHÈDRE
Ben, c'est pas étonnant, j'ai c't'Hippolyt' dans l'nez !
Je veux dans le trépas noyer tant d'infamie
Qu'on me donn' du poison pour abréger ma vie !

SINUSITE
Duquel que vous voulez, d'l'ordinaire ou du bon ?

PHÈDRE
Du gros voyons, du roug', celui qui fait des ronds.
Qu'est c'que vous avez donc à m'bigler d'vos prunelles ?
Écartez-vous de moi !

(À HIPPOLYTE)
Toi, viens ici, flanelle.
Exauce un vœu suprême sans trahir ta foi,
Viens trinquer avec moi pour la dernière fois.
(Les servantes apportent deux bols.)
À la tienne érotique sablonneux et casse pas le bol !
(Elle boit.)
Oh Dieu que ça me brûl', mais c'est du vitriol !

L'œuvre à l'examen

HIPPOLYTE (BOIT)
Divinités du Styx, je succombe invaincu
Le désespoir au cœur...

PHÈDRE
Et moi le feu au cul !

SUJET

a. Question préliminaire (sur 4 points)

En confrontant ces quatre textes, vous établirez les différences du texte 3 avec les deux premiers, puis les différences du texte 4 avec les trois précédents.

b. Travaux d'écriture (sur 16 points) – au choix

Sujet 1. Commentaire.

Commentez le texte 1 depuis : « Ô crédule Thésée » à : « Las ! où est ce beau front ? ».

Sujet 2. Dissertation.

Écrire, certes, mais pourquoi réécrire ? Comment expliquez-vous le besoin qu'éprouve chaque époque de proposer une nouvelle version de certains mythes ou, plus largement, de certains textes ?

Sujet 3. Écriture d'invention.

En évitant de trop recourir au dialogue et en adoptant un point de vue omniscient susceptible de faire ressortir les sentiments de Phèdre, de Thésée, de Théramène et d'Aricie, réécrivez le texte 2 sous une forme romanesque.

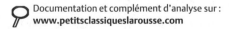

Documentation et complément d'analyse sur :
www.petitsclassiqueslarousse.com

L'œuvre à l'examen

Acte I, scène 3.

Sujet : quelle est la singularité spectaculaire de cette scène d'aveu ?

> **RAPPEL**
>
> Une lecture analytique peut suivre les étapes suivantes :
>
> I. *mise en situation du passage, puis lecture à haute voix*
> II. *projet de lecture*
> III. *composition du passage*
> IV. *analyse du passage*
> V. *conclusion – remarques à regrouper un jour d'oral en fonction de la question posée.*

I. Situation de la scène

La scène I, 3 constitue la deuxième grande scène de l'exposition, après la scène I, 1 à laquelle elle fait écho, et qu'elle suit presque immédiatement. La pièce s'est en effet ouverte sur un moment critique, puisque Hippolyte a avoué à son confident Théramène sa décision de quitter Trézène : il fuit les charmes de la jeune captive Aricie, il souhaite partir à la recherche de son père Thésée, absent depuis de longs mois, et redoute, sans bien les cerner, les sentiments que nourrit à son égard Phèdre, sa belle-mère. Celle-ci, héroïne éponyme de la pièce, apparaît enfin, nimbée d'un halo de mystère, car les confidents l'ont décrite comme atteinte d'un mal inconnu (v. 45, 146). Seule avec sa confidente, elle s'apprête à lui confier les causes de son étrange maladie.

L'œuvre à l'examen

II. Projet de lecture

On montrera comment cette scène d'aveu associe, dès le début de la pièce, les thèmes de la passion et de la fatalité. En d'autres termes, comment l'amour s'exprimant ici fait-il pressentir la violence tragique qui est sur le point d'embraser Trézène ?

III. Composition du passage

La scène joue sur l'attente de la révélation ; son mouvement général est celui d'un crescendo : l'aveu de Phèdre se fait entendre peu à peu et culmine dans l'ardente tirade finale. À un premier mouvement d'abandon (v. 153-179) où Phèdre semble ne s'adresser qu'à elle-même succède un moment dominé par Œnone exhortant sa maîtresse à reprendre goût à la vie (v. 179-216). Le troisième mouvement constitue l'aveu de Phèdre à proprement parler : celui-ci ne s'exprime d'abord que progressivement et péniblement, mais, pressée par Œnone, Phèdre se lance enfin dans une longue tirade exaltée où elle expose par étapes la naissance et le développement de sa passion maudite. Œnone joue dans cette progression un rôle capital : c'est elle qui exhorte sa maîtresse à parler, c'est elle qui, par sa question (v. 179), pousse Phèdre à prendre conscience de son aliénation ; c'est elle, surtout, qui prononce le nom d'Hippolyte (v. 264), qui renverse le rythme de la scène et déclenche l'aveu.

IV. Analyse du passage

Une scène d'exposition

La maîtresse et la confidente : un duo traditionnel ?
– Confiance et affection de Phèdre pour Œnone (« chère Œnone », v. 153) ; dévouement indéfectible et maternel d'Œnone (v. 233-236).
– Œnone, entre questionnement et exhortation : modalité interrogative et usage de l'impératif présent.
– Une relation dissymétrique : vouvoiement/tutoiement, apostrophes (« Madame » / « Œnone »).

– L'affrontement de deux mondes : antithèse mort/vie, passé/ avenir.

Apport d'informations sur la situation initiale

– Enjeux affectifs : la naissance de l'amour de Phèdre pour Hippolyte.
– Enjeux politiques : vers 201-205, 210-212.

Des effets d'annonce (valeur proleptique)

– Figures d'opposition : antithèses, oxymores : le déchirement intérieur de Phèdre annonce une action avant tout psychologique.
– Champs sémantiques de la mort et du sacrifice : Phèdre se présente elle-même comme la victime à sacrifier. Œnone annonce qu'elle mourra la première (v. 230).
– D'où une scène d'exposition atypique. D'une part, la tragédie ne sera finalement que l'attente d'un geste annoncé dès le départ et suspendu pendant cinq actes (le suicide de l'héroïne). D'autre part, ce piétinement est mimé par la structure circulaire de cette scène, encadrée par deux annonces de la mort de Phèdre (v. 154, 316).

La passion racinienne

– Une maladie physique : la passion comme souffrance (*patior*). Le champ sémantique de la maladie.

Les symptômes du corps mourant. Unique didascalie de la pièce (v. 157) : « elle s'assied » ; épuisement ; asthénie (faiblesse, v. 154-155), aphasie (incapacité de parler, v. 275), insomnie (v. 191-192), anorexie (v. 193-194), suffocation (v. 297).

Des sensations contradictoires : les vers 273-276 signalent une scission de l'être.

Le corps trahissant la faute : le thème de la rougeur (v. 182, 185, 273).

– Une maladie mentale
« Un trouble » (v. 274) : « mon âme éperdue » (v. 274), « ma raison égarée » (v. 282) (désignations du moi par des synecdoques qui soulignent la schizophrénie s'emparant de Phèdre).

L'œuvre à l'examen

Un comportement incohérent : vers 162-168.

Un repli du *je* sur lui-même : Phèdre ne répond pas d'abord à Œnone, mais s'adresse à elle-même, au Soleil, aux dieux. Omniprésence du *je* dans la tirade finale.

Un amour idolâtre : vers 285-286, 288, 293. Là encore, synecdoques des vers 284-285.

Dépossession de soi, scission du moi : autres synecdoques (v. 184, 221, 222, 240, 290). Le *je* passionné est aussi *passif*.

Le rôle central du regard : vers 272-275, 290, 303 notamment.

Transition : ces caractéristiques se retrouvent chez d'autres grands amoureux raciniens mais elles sont chez Phèdre portées à un point d'incandescence et de violence maximales, car la passion dont il s'agit ici est maudite : née du désordre et de la monstruosité, elle ne peut mener qu'au désordre et à la monstruosité.

L'irruption du tragique

Terreur et pitié

– Intensité dramatique et émotive : la rhétorique du haut degré (hyperboles et superlatifs), la brièveté de nombreuses répliques (proches de la stichomythie), l'abondance de modalités exclamatives et interrogatives, les apostrophes.

Pitié : les pleurs d'Œnone (v. 243).

Terreur : vers 238, 261. C'est la parole qui déclenche l'horreur.

Hérédité et destin

La famille du Soleil : vers 169-172 et la haine de Vénus (v. 249).

– Le thème du sang maudit (v. 278) annonce le poison qui coulera dans les veines de Phèdre (v. 190) et associe ainsi les thèmes de la mort et de la parenté.

Le feu et le sang : le lien entre amour et malédiction. Les « feux redoutables » (v. 277) riment avec les « tourments inévitables » (v. 278).

Crime et châtiment : vers 163, 217, 219, 221, 281 notamment.

L'œuvre à l'examen

– Une passion invincible : vers 277-290 (imparfaits itératifs, pluriels, multiplication des verbes d'action), 301. Expression de l'échec : vers 283 (préfixes privatifs exprimant l'incapacité, chiasme syntaxique suggérant l'enfermement de l'héroïne).

V. Conclusion

Plus que jamais, la parole est ici action puisque, dans cette scène d'exposition, la parole passionnée, en se libérant, enclenche le processus tragique. *Phèdre* est donc bien « la tragédie de la parole enfermée » (Barthes), nécessaire mais impossible : au début de la scène, le silence menait Phèdre à la mort, mais la parole proférée à la fin de la scène à l'instigation d'Œnone, instrument du destin, conduira à une catastrophe plus terrible encore.

AUTRES SUJETS TYPES

- *Phèdre*, **acte II, scène 5** : lecture analytique de cette scène de déclaration.
- *Phèdre*, **acte IV, scène 6** : lecture analytique de cette confrontation décisive.
- *Phèdre*, **acte V, scène 6** : lecture analytique du monologue de Théramène.
- *Phèdre*, **acte V, scène 7** : lecture analytique de ce dénouement.

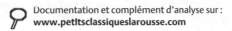

Documentation et complément d'analyse sur :
www.petitsclassiqueslarousse.com

Outils de lecture

Augustinisme
Courant de pensée d'inspiration religieuse trouvant sa source dans les écrits de saint Augustin (IVe siècle après J.-C.) et accordant une importance toute particulière au péché originel, à la corruption du cœur de l'homme, à sa possible rédemption par la grâce divine et à la prédestination.

Bienséance
Au théâtre, usages à respecter de manière à ne pas heurter la sensibilité du public.

Dénouement
Au théâtre, événement qui vient dénouer une intrigue et marque ainsi la résolution de l'action.

Didascalie
Indication scénique précisant le jeu et le geste des acteurs, ou les éléments du décor.

Exposition
Début d'une pièce de théâtre. Les spectateurs doivent pouvoir y apprendre, à travers les paroles et les actions des personnages, les informations nécessaires pour comprendre la situation initiale.

Hyperbole
Exagération de langage, amplifiant (auxèse) ou diminuant (tapinose) avec outrance une réalité quelconque.

Intrigue (ou nœud)
Ensemble des événements, des intérêts et des caractères qui forment le nœud d'une pièce de théâtre ou d'un roman.

Ironie
Phénomène consistant en la distance prise par un locuteur quelconque envers l'énoncé qu'il met en scène. Cette distance est maximale dans le cadre de l'ironie par antiphrase, où le locuteur dit le contraire de ce qu'il pense.

Litote
Fait de dire le moins pour suggérer le plus.

Monologue
Tirade prononcée par un personnage seul ou qui se croit seul.

Oxymore
Alliance de mots dont les significations semblent se contredire.

Pathétique
Dans le domaine de l'art dramatique, nature de ce qui émeut fortement.

Péripétie
Coup de théâtre. Événement extérieur imprévu marquant un brutal revirement de situation et changeant ainsi totalement la donne pour un ou plusieurs protagonistes d'une pièce de théâtre.

Périphrase
Figure de style consistant à substituer à l'usage d'un mot la description qui permet d'évoquer son référent sans le nommer.

Portrait
Genre littéraire hérité de l'Antiquité et connaissant

une vogue remarquable au XVIIe siècle, aussi bien dans le domaine littéraire que dans les salons, à titre de divertissement.

Préciosité

Née au XVIIe siècle, la préciosité est un courant littéraire et social qui se caractérise par son idéal de raffinement et par l'importance qu'il accorde à l'amour.

Prolepse

Effet d'annonce.

Réplique

Partie d'un dialogue prononcée par un personnage de théâtre lorsque son ou ses partenaires ont cessé de parler.

Stichomythie

Dialogue composé de courtes répliques de longueur analogue.

Stoïcisme

Courant de pensée initié par Zénon (IVe siècle avant J.-C.), puis relayé dans l'Antiquité par Épictète, Marc Aurèle et Sénèque. Le stoïcien atteint la parfaite sagesse en s'employant à vivre en conformité avec la nature, en distinguant plus précisément les choses qui dépendent de lui (l'attitude à observer vis-à-vis de l'ordre du monde) des choses qui n'en dépendent pas (l'ordre du monde lui-même) et qui ne sauraient donc l'affecter.

Synecdoque

Figure (presque toujours nominale) fondée sur une relation d'inclusion entre le signifiant et le signifié et jouant sur la substitution du singulier au pluriel, de l'espèce au genre, ou de la partie au tout (et inversement). Exemple : « la voile » peut signifier « le navire ».

Tirade

Longue suite de paroles ininterrompues placée dans la bouche d'un personnage de théâtre.

Tragi-comédie

Genre théâtral hybride héritier de la littérature espagnole, d'inspiration fortement romanesque, et faisant fi de l'unité de ton, pour mêler le tragique au comique dans une même pièce de théâtre. Démodée à l'heure de *Phèdre*, la tragi-comédie avait connu un vif succès du temps des premières pièces de Corneille.

Tragique

Nature de ce qui semble dicté par la fatalité, et de ce dont la représentation suscite terreur et pitié.

Bibliographie, filmographie

Ouvrages généraux

- René Bray, *La Formation de la doctrine classique en France,* Paris, Nizet, 1983 (1re édition : 1927).

- Pierre Larthomas, *Le Langage dramatique,* Paris, PUF, 1980.

- Jean Mesnard (dir.), *Précis de littérature française du XVIIe siècle,* Paris, PUF, 1990.

- Jacques Scherer, *La Dramaturgie classique en France,* Paris, Nizet, 1950.

- Anne Ubersfeld, *Lire le théâtre,* 3 vol., Paris, Belin, 1996.

Sur Racine et sur Phèdre

- Roland Barthes, *Sur Racine,* Paris, Seuil, 1963.

- Paul Bénichou, « Hippolyte, requis d'amour et calomnié », dans *L'Écrivain et ses travaux,* Paris, José Corti, 1967.

- Christian Biet, *Racine ou la Passion des larmes,* Paris, Hachette, 1996.

- Patrick Dandrey, *« Phèdre » de Jean Racine : genèse et tissure d'un rets admirable,* Paris, Honoré Champion, 1999.

- Lucien Goldmann, *Le Dieu caché : étude sur la vision tragique dans les « Pensées » de Pascal et dans le théâtre de Racine,* Paris, Gallimard, 1959.

- Charles Mauron, *L'Inconscient dans l'œuvre et la vie de Racine,* Gap, Ophrys, 1957.

- Jean Rohou, *L'Évolution du tragique racinien,* Paris, Sedes, 1991.

- Jacques Scherer, *Racine et/ou la Cérémonie,* Paris, PUF, 1982.

- Philippe Sellier, *Essais sur l'imaginaire classique : Pascal, Racine, précieuses et moralistes, Fénelon,* Paris, Champion, 2003.

Bibliographie • filmographie

- Jean Starobinski, « Racine et la poétique du regard », dans *L'Œil vivant,* Paris, Gallimard, 1961.
- Alain Viala, *La Stratégie du caméléon,* Paris, Seghers, 1990.

À voir et à écouter

- *Racine, Phèdre, Chéreau,* double DVD reprenant la mise en scène de *Phèdre* par Patrice Chéreau en 2003, Arte Vidéo, 2004.
- Jean-Philippe Rameau, *Hippolyte et Aricie,* opéra dirigé par William Christie, 3 CD, Erato Disques, 1997.

Crédits Photographiques

Couverture	Dessin Alain Boyer
7	Musée du Breuil de Saint-Germain, Langres. Ph. Canonge © Archives larbor
11	Ph. Nadar Coll. Archives Larbor
20	Bibliothèque Nationale de France, Paris. Ph. Coll. Archives Larbor
35	Bibliothèque de la Comédie Française, Paris. Ph. Jeanbor © Archives Larbor
39	Ph. Olivier Ploton © Archives Larousse
73	Ph. Olivier Ploton © Archives Larousse
89	Bibliothèque Nationale de France, Paris. Ph. Coll. Archives Larbor
127	Ph. Olivier Ploton © Archives Larousse
156	Ph. © P. Coqueux/Specto
157	Ph. © P. Coqueux/Specto
158	Ph. © Pascal Victor/Maxppp
159	Ph. © Pascal Victor/Maxppp

Direction de la collection : Carine Girac-Marinier
Direction éditoriale : CLAUDE NIMMO, avec le concours de Romain LANCREY-JAVAL
Édition : Christelle BARBEREAU, avec la collaboration de Marie-Hélène CHRISTENSEN
Lecture-correction : service Lecture-correction Larousse
Recherche iconographique : Valérie PERRIN, Laure BACCHETTA
Direction artistique : Uli MEINDL
Couverture et maquette intérieure : Serge CORTESI
Responsable de fabrication : Marlène DELBEKEN

Photocomposition : Nord Compo à Villeneuve-d'Ascq
Impression La Tipografica Varese Srl (Italie) - 08/305869
Dépôt légal : juillet 2006 - N° de projet : 11033839 - Juillet 2016.